# \ みんなの /
# 社会的処方

SOCIAL PRESCRIBING

人のつながりで
元気になれる
地域をつくる

西 智弘 編著
Tomohiro NISHI

学芸出版社

# はじめに　社会的処方はもっと自由でいい

社会的処方は、進化した。

「薬で人を健康にするのではなく、人とまちとのつながりで人が元気になる仕組み」である社会的処方は、医療者が中心となって患者と社会資源を結びつけるだけではなく、まちの中で人がつながりを作って支え合うというだけでもなく、人類が長い時間をかけて築いてきた遺産や里山、海辺や川といった自然なども含め、「人が培ってきた生活という大きな営み」の中で市民同士がつながりを見出していく、という方向に進んできている。

法律も、変わった。

２０２０年に書籍『社会的処方〜孤立という病を地域のつながりで治す方法』が刊行されて以来、社会的処方の名前や概念は少しずつ広まり、政府「骨太の方針」にも社会的孤立対策の切り札として明記された。そして２０２４年には「孤独・孤立対策推進法」が施行され、孤独や孤立の問題は国や自治体だけではなく「国民一人一人も」力を合わせてその対策につとめていくべきとされた。なぜ「国民一人一人も」か？　それは、この社会に暮らす人たちが「今まさに孤立の苦しみに喘いでいる方」と「そんな問題に悩んでいない人」とに二分されるのではなく、誰しもが等しくその生涯の中で「望まない孤立」の状態に陥るリスクを負っているためだ。誰しもが、等しく、だ。

つまり、社会的処方は誰か特定の人たちだけのものでも、専門家たちが「処方」するだけのものでもなく、まさに「みんなの社会的処方」となっているのだ。

社会的処方の発祥の地であるイギリスでは、医療関係者の枠を超えてその言葉や実践が広まり、ミュージシャンやお笑い芸人、そしてサーフィンを楽しむ若者たちからも「俺たちのやっていることも、社会的処方なんすよ！」という発言が出るくらい、社会的処方が「かっこいいもの」として扱われるようになってきている。

そして日本でも、社会的処方は概念をそのままに「文化的処方」「アート処方」などと名前を変え、あらゆる分野に溶け込もうとしている。２０２３年に武蔵野美術大学の学生たちが医療の現場に飛び込み、患者さんたちと一緒にアート活動を行ったプロジェクトでは「アート処方とは、誰かを思う行為の中にアートを組み込んだもの」などと、学生の言葉で語られている。それは、彼女らの自由な発想で社会的処方を捉えなおしたものであり、まさに「みんなの社会的処方」が日本でも芽吹いてきている兆しといえるだろう。

しかし一方で、書籍『社会的処方』の刊行と時を同じくして日本でも始まったコロナ禍によって人と人との交流が制限され、社会的な分断が進み、結果として社会的孤立はより深まってしまった。

このような状況の中でも、その社会的孤立の進行に歯止めをかけるべく、全国で社会的処方の実践や普及啓発に取り組んできた方々がいる。ただ、それぞれの活動は素晴らしいものの、その活動を「橋渡し」するリンクワーカー的機能はまだまだ育っているとはいえず、社会的処方が真に意義のある活動になっていないのが現状である。また、社会的処方が国の施策に取り入れられたことで、孤独・孤立に対する専門機関や法律が制定され、モデル事業への取り組みも着々と進んできたことは喜ばしいが、一方で「健常者である私たちから社会的弱者であるあなたへ」施すのが社会的処方であるといったような誤解や、それに基づく実践が行われ、結果的に失敗してしまっている事例なども耳にするようになってきた。

社会的処方は決して、社会的弱者を救ってあげようなどという上から目線の押し付けではなく、その基本的理念である「人間中心性」「エンパワメント」「共創」の3要素が示すように、「病気や障害があっても無くても、子どもから高齢者まで、誰しもが自分の『やりたい！』を自由に表現でき、それが実現できるような環境を平等に享受できるようにみんなで取り組んでいく」仕組みのことである。

現在、僕たちが取り組むべきはこのコロナ禍によって社会が受けた「傷」を明らかにし、そして未来に向けてどのような横のつながりを作り、そしてそのシステムを全国に広めていくかの指針を示すことである。そして、具体的に社会的処方がどのように私たちの健康やウェルビーイングを守り、それらを伸ばすことに寄与し、取り組むべき意義があるのかを示していく必要もある。また、社会的処方の実践があらゆる形で進んできている一方で、先述したような誤解が広がってもきつつある現状に対し、僕たちの考える理想的なかたちを示していく必要もある。

前著『社会的処方』が、社会的処方の意義と面白さを世間に伝え「社会的孤立に対して、僕ら一人一人ができることがある。みんなで一歩を踏み出してみよう」という本であったのに対し、次に伝えるべきは「一歩を踏み出してくれてありがとう。僕らがいる現実は厳しくても、こんな未来を描いて一緒に歩いていこう」というビジョンを示していく本であると考えて、いまこの本を書いている。

社会的処方は、もっと自由でいい。多くの人たちが気ままに自然に「自分にできること」「自分がやりたいこと、好きなこと」を持ち寄って、お互いに「いいね、いいね！」とつながっていく先に、孤独・孤立の解消がある。そこには「社会的処方」なんて言葉は存在しなくてもいいし、誰もが気軽に参加できるプロセスが無いと、「みんなの社会的処方」にはなり得ない。そうやって、自然と自由に社会的処方の仕組みに参画していける人たちが増え、裾野が広がっていかなければ、高い山を築くことなんてできやしない。

しかし一方で、社会的処方を自分たちの言葉で表現しようと一歩を踏み出したのに、二歩目を踏むのに躊躇している人たちもいる。先ほど紹介した武蔵野美術大学の学生レポートの中にも「アート処方には、相手の幸せを願う尊さと、幸せを提供出来るという傲慢さがあると思った」という言葉が出てくる。この気づきこそが素晴らしい。「自由にやってみていいんだよ」と簡単に言っても、それだけで能動的にどんどんと進んでいける人は多くない。この本が羅針盤となり、ちょっとだけでも背中を押してあげることで、自信をもって二歩目を踏み出せる助けになりたい。そんなことを考えて、いまこの本を書いている。

２０２３年12月
一般社団法人プラスケア代表理事
西 智弘

Contents

CHAPTER
3

CHAPTER 4

# 社会のなかで生きることが元気につながる

# CHAPTER 5 暮らしているだけで元気になれるまちをつくる 205

CHAPTER 1

# 社会的処方の「3つの理念」

まず、この本で「これだけは覚えておいてほしい」ことを最初に述べておこう。それは社会的処方を行っていくうえで一番大切にしたい「3つの理念」だ。今回の本の内容は全て、この理念を様々な角度から言い直したものだ、と言っても過言ではない。それくらい、大切にしたい理念なのだ。

その3つとは、

- **人間中心性**(person-centeredness)
- **エンパワメント**(empowerment)
- **共創**(co-production)

である。[1] では、ひとつずつどういった意味なのか、について解説していこう。

## 人間中心性

まず簡単に、前著『社会的処方』から、社会的処方とは何だったのか、についておさらいしておこう。

社会的処方とは、薬を処方することで患者さんの問題を解決するのではなく、「地域とのつながり」を処方することで問題を解決するというもの。

例えば、高齢で家に引きこもっている方が、「眠れない」ということを主訴に医者にかかったとする。普通の医者なら、睡眠薬を処方して診察を終えるかもしれない。でも、もしその医者がよくよくその方の生活習慣を聞き取って、不眠の原因が日中の引きこもりによる活動不足だと考えたら。そして、その方のもともとの仕事が花屋だということまで聞き取ることができたら。その医師は、知り合いが参加している、地域美化や花壇の整備に取り組む市民グループとつなげてみるかもしれない。「なんで俺がボランティアなんかしないとならないんだ」と、最初は文句を言うかもしれないけど「花の扱いに長けているあなたの力が必要なんです」と頼んでみたら、「先生がそこまで言うならやってやらないこともないけど」とまんざらでもない。そして、その方はボランティアを契機に積極的に外出するようになり、体も気持ちも元気になっていく。

**図**：奥さんを亡くした後、自宅で引きこもりになっていた高齢男性。「眠れない」の主訴に対し、睡眠薬や「運動しなさい」のアドバイスだけではなく、社会的処方の選択肢もあると良い（絵：たちばないさぎ）

薬なんかなくたって、夜はよく眠れるようになり、食事もおいしくなって体重も増えた。そして何より、地域で共に過ごす仲間と笑顔が増えた…。

そして、この事例では医師が中心となって患者さんを社会資源とつなげているが、実際の現場では医師がここまでの役割を果たせる例は多くはない。それは看護師や薬剤師なども同様である。よって、社会的処方発祥の地であるイギリスでは社会的処方を実践するのは医師などの医療者ではなく、「リンクワーカー」と呼ばれる専門職が中心となっている。リンクワーカーは、孤立している個人やその支援者と面会し、本人の特性や興味関心などを聴取しながら、孤立の解決のために地域活動などとつなげていく役割を担っている。イギリスでは主に非医療者が担っており、地域によって「ヘルスコネクター」や「ケアナビゲーター」などと呼ばれることもある。イギリスでは2019年からリンクワーカーを養成するための予算を計上し、2023年の時点で約3500人が登録されているとのことだが、今後はそれを2036年までに9000人にまで増やす計画だという。なぜなら、現時点でもリンクワーカー1人が平均して200~250人の住人をカバーしなければならず、社会的処方を必要とする人の待機が6週間待ちという状況だからだ。

また、専門職としてのリンクワーカーの他に、地域住民がボランティアとしてリンクワーカー的に活動する地域もある（詳しくは3章「イギリス・フルーム ～誰もがリンクワーカーになれる町」を参照）。

2023年に発表された新たな社会的処方の定義は、「医療以外の健康関連の社会的ニーズを持っている人がいた場合に、臨床現場や地域社会で活動する人がその方の課題を特定し、健康やウェルビーイング、そして地域とのつながりを向上させる目的で、その方を地域社会内の非臨床サポートやサービスに結び付けるための手段を共同で作っていくこと」とされており、以前のように医療者が中心となって社会的処方を行っていくという流れから、リンクワーカー的に活動する住民＝市民リンクワーカーが主体となって実践を行っていく方向へ変化してきている。[2] 僕は、「社会的処方を文化にする」と称して、この住民主体型の社会的処方モデルが、日本で進めていくうえでは好ましいと考え、その実践を行っていっている。

さて、この実践を行っていく中で市民リンクワーカーにとって重要なことは「好奇心と思いやりをもって、目の前の個人を見ていく」姿勢である。

具体例をあげよう。前著から引用した部分で取り上げた「眠れないと訴えた元花屋の孤立した高齢男性」をAさんとする。このAさんは花壇の整備をする市民グループとつなげたところ、うまくいった。それは良かった。では、次に「眠れないと訴えている孤立した高齢男性」のBさんが目の前に現れたとしよう。そこであなたは「おっ、このBさんは先日の社会的処方がとても良かったAさんのパターンと全く一緒じゃないか。じゃあ、このBさんも同じように花壇を整備する市民グループにご紹介しよう」と考えるだろうか？　そうはならないだろう。なぜなら、Aさんは元花屋さんで花が大好きで、というバックグラウンドがあったからうまくいった。でもBさんは年齢も、状況も、困っている内容まで全て一緒だったとしても、当然のことながらAさんとは別の人生を歩んできた他人である。仮にBさんに花壇整備の市民グループを紹介したとしても、

「花？　全く興味ないけど、どうして俺はこんなところに連れてこられたんだ？」

となって、Bさん自身にとっても、また市民グループにとっても「あの人やる気も無いのに何でこの集まりに来ているのかしらね」と、マイナスな面しかない。

だから、社会的処方を実践する上では「人間中心性」、つまりその方がこれまでどんな人生を歩んできて、何に興味があって、そしてこれからどう生きていきたいと思っているのか、「好奇心と思いやりをもって」まずは聞けることが大切なのである。

では、Bさんに改めてよくよく話を聞いていくと、実は彼は50年来のジャズフリークであったのだが、

「東京都内で行きつけだったバーに行けるほどの体力も気力も無いし、かといってこの近所には音楽分かる連中もいやしないし。家で一人でレコードかけるくらいしかないんだよ」

という話だった。そこまで聞いたリンクワーカーは、

「いや、確かにこの駅の周辺には無いんですけどね、実は電車で2つ行ったところに、若いバンドを応援しているジャズ喫茶があるんですよ。それで、最後はお客さんからカードに感想を書いて渡したりもしているんですって。ちょっと一緒に、どれくらいのレベルなのか聞きにいってみません？」

と話していくと、「それは知らなかったなあ。今の若いやつらがどんな演奏するのか、ちょっと聞きにいって、ハッパかけてやるか」と、Bさんとリンクワーカーは夜の町に消えていったのだった。

## エンパワメント

エンパワメント(empowerment)とは、語源的には動詞化や強調の意味をもつ「em」を、能力や力の訳となるpowerにつけて名詞化した言葉である。本来は「能力を伸ばす、引き出す」といった意味合いになるが、1950年から1960年代の公民権運動や1970年代のフェミニズム運動など、社会を変える活動が盛んになるにつれてたびたび用いられる言葉となり、「誰もが本来備えている能力を、発揮できる社会を目指す思想」として使われるようになっていった歴史がある。社会的処方の文脈においては、その社会学的な意味を含みつつ、本来の語源に近い使われ方をされる場面が多いようだ。

例えば、ある団地に暮らす一人暮らしの高齢女性のCさんがいたとしよう。先ほどのAさんの場合は、「元花屋」というある意味「手に職」があったから、うまく社会資源につながることができたが、このCさんは「ずっと主婦をしてきただけだから、何の取りえもなくって…」とおっしゃっているという。ではでは、ということでCさんの部屋にお邪魔したリンクワーカーは、Cさんにお茶を淹れてもらいながら昔話などを伺っているうちに、ふとタンスの上に置かれている1枚の写真に目を止めた。


「Cさん、あの写真、小さいお子さんが映っていますね」

「ああ、あれね。娘たちが小さい時の写真なの」

「二人とも同じ服を着ているんですね」

「そうそう、あれは私が昔作ってあげたものだからね…」

そこまで聞いたリンクワーカーは、目を輝かせて身を乗り出した。

「えっ！あの服をCさんが作られたんですか？　すごいじゃないですか！」

「いやいや、あんなのは昔なら誰でも作ったものなのよ…」

「いや、それでもすごいですよ。実は、この団地に暮らしている若いお母さんたちって、ミシン持っていないとか使い方わからないとか、けっこう多いんですよ。でも、自分の子どもたちに幼稚園で使うエプロンとか、かわいい布地でちょっとしたワンピースとか、作ってみたい〜ってよく話されているんですよね。Cさん、あなたあんなにきれいに服を作れるなら、ちょっと若いお母さん向けに『ミシン教室の先生』とかやってもらえませんか？」

一気にまくしたてるリンクワーカーに、Cさんは少したじろいで
「いやいや、私がそんな『先生』だなんて…」

と謙遜するが、そこでリンクワーカーが
「実は、2つ隣に住んでいるDさんって日本茶を淹れる名人って知っていました？　ちょっとDさんにも協力してもらって、美味しい日本茶を飲みながらC先生のお話を聞く……みたいな感じだと、楽しいと思うんですよね」

と提案すると、今度はCさんも身を乗り出してきた。

「まあ、あの奥さんはそんな特技をお持ちなんですね。Dさんとご一緒に…それならちょっと面白そうかしら」

その後もリンクワーカーとCさんでいろいろと話をしていき、最終的には「私ができることで、この団地の若い方々の助けになるのだったら…一肌脱いでみましょうかね」ということで、「団地のミシン教室」が誕生したのだった。

このように、手に職があるとか、誰の目にもわかりやすい特技がある、といった方ではなくても、誰しもがこれまで生きてきた経験であったり、本人の興味・関心をもとにして社会とつながっていくことができる。問題は、そのことを「信じられるかどうか」というリンクワーカー側の心の中にある。すぐに結論を出さなくてもいい、引きこもりを解消するとかの「わかりやすい結果」に飛びつかなくてもいい。目の前にいる人を信じて、気長に、本人がもっているものを一緒に見つけていくプロセスを共に過ごすことが大事なのである。

## 共創

共創とは、読んで字のごとく「一緒に作っていくこと」。これは社会的処方の論文の中でも「自らの社会的処方を(リンクワーカーと一緒に)自ら生み出していく」という文言で記載されている。

社会的処方について、全国で講演活動を行っていく中で何度も受けた質問がある。それは「うちみたいな田舎では、そんなに社会資源なんて無いから社会的処方なんて無理ですよ。都市だからできることじゃないですか?」というもの。僕がそういった質問を受けてまず心に浮かぶのは「それは、あなたがこの町にどんな社会資源があるのかご存知ないだけでは？」という疑問だが、それを直接言うとケンカになる。僕も大人なのでそこはぐっとこらえ、そこでこの「共創」の話をするのである。

そもそも、どんなに都会であっても「住民にとって適当な社会資源がすべてそろっている」なんて場所は存在しない。例えば、先ほど例に挙げたジャズ好きのBさん。あの場合はたまたま近隣にジャズ喫茶があったから良かったようなものの、仮にBさんの好みが別の音楽のジャンルだったら？「音楽」と一口に言っても、ポップス、クラシック、R&B、レゲエ、ロック…などメジャーなものの他にも山のように種類がある。それら一つ一つの興味関心に適合する社会資源がそろっている町なんて、存在するはずがない。では、適合する社会資源が無ければ、社会的処方はできないのか、となればそんなことはない。先ほど例に挙げた、ミシン教室の先生になったCさんの例のように、社会的処方は自ら生み出すことも可能なのである…というより、これを意識しなければ人を既存の社会資源に無理やり当てはめてしまうことで、むしろ害になる事例を生み出しかねないため、注意が必要である。

「アイデアとは既にあるものの新しい組み合わせ」とはジェームス・ヤングの名著『アイデアのつくり方』からの一節であるが、社会的処方とはまさに、「人と人とのつながりの新しい組み合わせ」なのだ。支援者だけがいても、新しい社会的処方は生まれない。そのときケアされる人がいて初めて、組み合わせが生まれる。

「あなたがいたからこそ、このつながりのアイディアが生まれたのだ」

あなたがどんな経験を持っていたか、どうやって生きてきたか。そこに「強み」も「特技」も必要ない。

あなたがそこにいることそのものが、この社会的処方を生んだのである。

リンクワーカーは、この「3つの理念」を意識しながら社会的処方の受け手との面談と情報提供を行う。それは1回で終わることもあれば、電話面談を含む数回のセッションでフォローアップして、受け手がきちんと社会とつながっていっているかを確認していく。ただ、僕らが考える市民リンクワーカーの取り組みの場合、そこまで厳密なフォローは難しいかもしれない。一方で、市民リンクワーカーの強みは「同じ地域やコミュニティで一緒に生活をする住人」として、年単位で継続的にゆるく関わり続けられるという点だ。お互いが生活の動線上で時々顔を合わせて短い会話を続けられていくことは、専門職リンクワーカーには無い強みがある。

改めてこの本では、全体を通じてこの「社会的処方の3つの理念」をどのように実践していくのか、どこにその考え方が生かされているのか、を意識して読み進めてもらいたい。最終的に全ての事例や細かい理論は忘れてしまったとしても、この3つの理念のことさえ覚えておいてくれれば、住民ひとりひとりが「市民リンクワーカー」として、社会的処方をまちの中で実践していくうえで大きな力になるだろう。

## 「支援する」とはどういうことか

社会的処方の3つの理念を実践していくうえで、もうひとつ頭に入れておいてほしいことは「支援するとはどういうことか」という本質である。「支援する」というと、まず真っ先に「力のある強者が、力の無い弱者に対して何かを施す」イメージを持ちがちであるが、それは支援の一部に過ぎない。

もちろん、世の中には「力のある強者が、力の無い弱者に対して何かを施す」タイプの支援が必要となる場面も数多くある。貧困や暴力、病気や社会的状況などによって、一人では立ち上がれない緊急事態に陥ってしまう場合がそれである。その場合は、公的支援を含めた「立ち上がってもらうための支援」が必要なことも事実なため、決して「施す」型の支援がダメということではない。しかし一方で、そういった緊急事態の時期を脱して、一人で立てるようになった方に対しても「施す」型の支援を継続し続けることは、その方の生きる力を奪い続けることになりかねない。

例えば、病気や貧困によって倒れてしまっている人に対して医療や食事を与え、最低限の元気を取り戻してあげるところまではいい。しかし、その後も、食べ物を毎日与え、娯楽を与え、社会資源を与え……を行い続ける先に、本人の自立を期待できるだろうか。支援の名のもとに、「弱者」とレッテルを貼った人を社会の中枢から隔離して、労働や交流から遠ざけることは、そこで得られるはずだった「自身の存在価値を発揮する機会」を奪うことにつながっている。そこに、「この人は『弱い人』だから、私たちが支えてあげないと」という目線のヒエラルキーが存在している限り、弱者のレッテルを貼られた方の生きる力は回復せず、社会格差を固定化してしまう。

では、自立できる方を支援するとは、どういうことか？　それは、「基本的には対等な二人の人間が、そこにある課題に対して、一緒に新しい価値を生み出していくこと」である。これまで「元花屋のAさん」「ジャズ好きのBさん」「ミシン教室のCさん」の事例でも見てきたように、社会的処方を受ける方とリンクワーカーとが、同じ目線に立って「そのアイディア、めっちゃいいですね！」「えっ、そんなところに興味があるんですか！」と盛り上がっていき「それなら、ここともつながればもっと面白いのでは」「こういった活動から始めてみるなんていうのも良いですよ」といった形で、新しい価値を生み出していくのである。

ここで大切なキーワードは「本人が『主役』になれるように」である。あくまでも、主体は本人。支援者であるリンクワーカーが何かを施して、本人を受動態の形にするのではなく、かといって本人に全ての責任を押し付けるのでもなく、「一緒に決めたよね」「私たちはあなたのことを見ているよ」といった関係性で支えるという意識が大切なのである。本人が「主役」になる、ということはその主役に働きかける脇役だって必要だし、それを見続ける観客の役割だって必要なのだから。

それを踏まえて、もう一度Aさん・Bさん・Cさんと支援者とのやり取りを見直してみてほしい。そこには「施し」＝本人を受動態の形にする言葉を極力避け、また本人を突き放して「自分でやらせる」関係にも陥らせない言葉がけの工夫がされていることに気づくだろう。「一緒に決める」「ずっと見ている」この2つをもって、自身を取り巻く社会の中での「主役」と信じられるようにしていくことが、ここで大切にしたい支援の形なのである。

そして支援者はそのときどきにのみ「支援者」の役割を演じているのであって、ケアされる人もまた、常に「ケアされる人としての役割」で出会うわけではない。

例えば、イギリス発祥の「ブックスタート®」という取り組みがある。[3] 乳児健診のときに、赤ちゃん向けの絵本やブックガイド、ランチョンマット、地域の子育てサービス情報などが入ったブックスタート・パックを無料で配布し、絵本そのものを、読みきかせの体験と一緒に、赤ちゃん全員にプレゼントするという内容だ。このとき重要な考え方は、親が絵本を赤ちゃんに読み聞かせてあげる、のではなく「赤ちゃんと一緒に本を開く体験を楽しむ」というものだ。本を一緒に開くとき、親は決して赤ちゃんにとって「先生」として存在するのではなく、誰よりも熱心にその絵本がある時間を楽しんでいる隣人としての役割を演じている。確かに親は、赤ちゃんよりも生きてきた時間は長い。絵本から受けとる解釈も、赤ちゃんよりたくさんあるかもしれない。でも、この共有した時間の体験は、赤ちゃんその人が存在したからこそ、赤ちゃんその人の「初めての感動」があったからこそ生まれたのである。このブックスタート®の構造において、赤ちゃんと親との関係は対等であり、絵本を通じてのコミュニケーションがあってこそ、この関係が成立したのである。

こういった例を見て、その意義や本質を考えるとき、「支援するとはどういうことか」が少しずつわかっていくのではないだろうか。

## 社会的処方の「型」

さて、ここまで見てくると実は社会的処方にはいくつかの「型」があることがわかってくるだろう。社会的処方について議論するときに、この「型」のどれを取り上げているかによって、話が混乱する場面をよく見かけるため、ここで一度整理しておく必要があるだろう。

これまでの内容を踏まえたうえで、社会的処方を大まかに分類するなら、以下のように考えることができる。

**①緊急的に公的支援を行う形での社会的処方**

**②特定の集団に対し社会資源をつなぐ形での社会的処方（コンテンツ処方）**

**③「3つの理念」を満たし、新しい価値を生み出す形での社会的処方（狭義の社会的処方）**

この分類における、①の社会的処方とは医療や福祉などの現場で、「自立が難しいほどに弱ってしまっている状態」の方に対し、主に公的な制度に基づいた救い上げなどを行うことを指す。つまり、先ほど述べたような貧困や暴力、病や社会的状況による困窮に対して、公的扶助や社会制度の活用、保険制度などの利用を促していくことだ。これは例えば「病気によって身体が不自由になった患者さんに対し、介護保険制度の利用を促した」ことも社会的処方の事例のひとつ、として紹介されたりもするため、一応の分類としてここに置いたものである。しかし当然のことながら、これは社会的処方の3つの理念を満たすものではないため、③の「狭義の社会的処方」とは別ものであると理解できるだろう（もちろん、それはこの①が③よりも劣る、といった意味合いではないことは念のため申し添えておく）。

次に②の形も、よく「社会的処方」として取り上げられることが多いため、解説しておこう。例えば、認知症をもつ方々が集まる介護施設に対して医者がゲームを処方する、という場合があったとしよう。

「医者」が、「認知症をもつ患者に対し」「薬ではなく」「ゲームを処方」といった言葉から、これも社会的処方と思われるかもしれないが、ここまで本書を読んできてくださっている方なら、これも社会的処方の3つの理念を満たすものではない、と理解できるだろう。認知症をもつ方、と一言でいっても、その方の個性は当然のように別々である。ある方は確かにゲームに強い興味を示すかもしれないが、別の方は全く興味が無くても当然だ。本人の興味関心、これまでの生き方などをきちんと聞いていったうえで、その人の生きることの表現のひとつが「ゲーム」であると考えられた時に、このゲームを処方するプログラムは初めて有用になる。

ちなみに、僕らはこういった「ゲームを処方する」といった取り組みを「コンテンツ処方」と呼んでいるのだが、誤解しないでほしいことはこれらコンテンツ処方が「悪い」という意味ではない。コンテンツ処方としては、ゲームの処方の他に、本の処方やアートの処方、イギリスではポエム(詩)の処方なんていうのもある。これらは確かに、アートによる癒し効果や、気持ちが落ち込んでいるときに本や詩の言葉から受ける気づき、またゲームについてもメンタルヘルスの改善や認知症の進行抑制に関する研究も進んでおり、決して意味のないものではない。実際、栄養指導・運動・認知トレーニング・訪問でのメタボチェックや血管性危険因子の管理といった複合的な介入を行うことで、認知症を予防できたとする大規模研究[4]であったり、美術館やギャラリーによく行く人ほど寿命が延びたという研究も報告されている[5]。コンテンツ処方も、その目的によっては有効である。しかし、このコンテンツ処方だけをもって「我々は社会的処方に積極的に取り組んでいる」と支援者側が考えてしまうと、それは本質を外しているといえる。あくまでも、コンテンツ処方はコンテンツ処方と理解したうえで、目的に沿って実施することが大切なのである。

これら①②の社会的処方は、③と合わせて「広義の社会的処方」として考えられるが、やはり社会的処方を真に議論するときには、「社会的処方の3つの理念」を満たす③の社会的処方を中心に考えるべきだろう。ただ、これまで見てきたように3つの理念を完全に満たす社会的処方が可能な場面や必要となる場は、必ずしも多いというわけではない。その時の状況や相手のニーズに応じて、①②の社会的処方も組み合わせつつ、「支援することの本質」を保ちながら人と関わり続けることが大切である。

## 社会的格差と、広がる自己責任論

「南橘北枳（なんきつほくき）」という故事成語をご存知だろうか。

これは、中国の紀元前は春秋戦国時代、斉という国の宰相（大臣）であった晏子（あんし）という人物が、楚という別の国の王様に会見に行った時のこと。楚の王様は、優秀な宰相として有名であった晏子に嫌がらせをしてやろうということで、会見の際に縛り上げられた罪人を連れてこさせた。そこで王様が「この者は、斉の国の出身だそうだが、楚の国で盗みをしてこうして捕まっている。斉の国の人間は、よく盗みをするようですなあ」と晏子に嫌味を言ったのである。それに対して晏子は「橘の木は、揚子江の南の土地に植えればおいしい橘（蜜柑）がなるように育つそうだが、川の北へ移植すると、酸っぱくて食べられない枳（カラタチ）という植物に化してしまうそうですよ。斉の国では盗みをしなかったこの者が、楚の国で盗みをするようになったということは、楚の風土が盗人をお作りになっているのではないでしょうか」と答え、斉の王様を逆にやり込めてしまった、という逸話からきている。つまり「南橘北枳」とは、風土（環境）の違いが人の気質などを左右し人間を変えてしまうことの例えとして用いられる。では、この「南橘北枳」の例えのように、人は、住み暮らしている土地の風土・環境によって大きな影響を受け、ついには個々人の精神状態、さらには寿命すらも左右される、と言われると驚くだろうか。

例えば、うつ病の発症率が市町村間での差があるという報告がある。[6] 日本全国61市町村に住む高齢者のデータで、うつの割合が最大25・2％、最小9・9％と、市町村間で約2・6倍の開きがあることがわかった。では、どういった都市環境が影響するのかとなると、例えば「緑地が多い地域ではうつの発症が10％減少する」「地域内の人同士のつながりの豊かなまちではうつが減少する」「ボランティアに参加する方の割合が地域で10％増えるごとに、ボランティアに参加している人だけでなく、『参加していない人であっても』同じまちに暮らすだけでうつの発症リスクが10％低くなった」などがある。都市間においては、もちろん住民の転入・転出は多々あるわけだが、それでも市町村ごとに病気の発症率が左右されるということは、健康とは決して個人に帰属する要因ばかりではないということだ。

しかしそれでも、社会資源と人とのつながりを議論していく中では、必ずといっていいほど「孤立は自分からつながりを求めようとしていない本人自身の責任ではないのか」といった意見を言ってくる方がいる。健康格差や経済格差についても「社会に格差があることは当然で、その上位にいる人は学歴をつけるとか、結婚するとか、出世をするとか、常に努力をしている。格差が開くのは下位の人にそういった努力が足りないだけで、適切な方法で努力をすれば、多くのものは上に行けるはず（だから教育や就労の機会を平等に与えさえすればよい）」といった、いわゆる自己責任論を展開するものもいる。特に、高所得者に累進課税をかけ、低所得者に対する所得の再分配を行う社会保障制度（国民皆保険や年金制度、生活保護など）は、高所得者にとっては強制的に徴収される不公平かつ不合理なシステムに感じられ、時にそれが低所得者や生活保護者に対する差別的言動となって爆発するような場面もしばしばみられる。

「世界人助け指数（The World Giving Index）」と呼ばれる、過去1か月に「助けを必要としている他人あるいは見知らぬ人を助けたか」「慈善団体に寄付をしたか」「ボランティア活動に時間を割いたか」という3つの問いに、どれくらいの人が「Yes」と答えたかの割合を調査したレポートで、２０２２年版において日本は全１１９か国中、「１１８位」とかなり不名誉なランキングを頂いている。[7] これはつまり、「日本人は、周りで困っている人がいても助けもしなければ、困っている人を助けようとしている慈善団体があったとしても参加もしなければお金すら出さない」とされているということだ（もしくは、周囲に困っている人がいることが見えないような社会になっている）。このレポートでも、「日本のスコアが非常に低い理由は、本質的に文化的なものである可能性が高い。海外では慈善行為が必要なものとして認識されていることでも、日本では自己責任として理解される可能性が高い」と分析されてしまっている。

しかし、「そもそも結婚をしていないだけで、なぜ孤立してしまうのか」「障害や病を得れば、なぜたちまちに貧困に陥ってしまうのか」と改めて考えたときに、それは本人の自己責任ではなく、社会の側が

「そういった生き方を認めていない」結果ではないのか、とも取れるのではないだろうか。人類は、長い時間をかけて医療を発展させ、公衆衛生や栄養状態を改善するすべを生み出し、社会制度を整えることによって、1000年前にはすぐに命を失っていたであろう障がい者や病者、虚弱者や社会的弱者であっても「生かす」ことができるようにこの世界を作ってきた。それは、とても素晴らしいことだと思う。しかし一方でこの社会は、そうやって「生かす」ことだけを実現した一方で、彼ら彼女らと「共に生きる」ことを考えてきたのだろうか。

また、格差の拡大は実は高所得者にとっても望ましい状況ではない。社会格差が拡大すれば、治安は悪化し、社会は不安定になる。近藤はその著書の中で格差のある社会の問題点を5つに分けて指摘している[8]。

**①勝ち続けるための不健康**：「今日の勝ち組」が明日も勝ち組である保証はない。格差が大きくなるほど、生き残るための競争も激化し、長時間労働や精神的ストレスの増大が心身を蝕む。

**②社会・職場の協力体制崩壊**：格差が大きい社会では、人が他者を信頼しなくなり、組織のまとまりも悪くなる。結果的に、社会や組織からの協力や支援が受けにくくなる。

**③子どもの転落リスク**：自らが高所得者であったとしても、自分の子どももまた同じ地位になるという保証はない。格差が大きく支援が少ない社会では、一度転落した子どもが救われる率が下がり、最終的には自らの「老後破産」へつながる可能性もある。

**④犯罪による傷害・死亡リスク**：格差が拡大すると、治安が悪化し、社会が不安定になる。結果、犯罪

に巻き込まれるリスクも増加する。

**⑤死亡率の増加**：5951万人を対象としたデータの解析で、ジニ係数（所得格差）が大きい国ほど、低所得者だけでなく「高所得者も含めて同じように」、国民全体の死亡率が高まることが報告されている。[9]同じ国の中では、高所得の方が低所得よりも寿命が長くなる傾向があることは確かなのだが、国同士で比べた場合は所得の高低に意味は無くなり、格差の有無の方が寿命に影響するということなのだ。

このように、格差があることは高所得者にとっても不幸を招き、健康状態を悪化させる。そこで暮らすあらゆる人は、高所得者であろうとも「社会」の影響から逃げ切ることはできない。だから、社会格差の解消は決してその低層にいる人々のためのものではなく、高層にいる人たちにとっても自分事であるはずなのだ。健康の決定要因を個人のみに帰結させるような考え方は脱し、社会に対するアプローチを強化し、その格差を縮小させていく必要がある。

しかし、国連が2023年1月に発表した「世界経済状況・予測2023（World Economic Situation and Prospects 2023）」によると、世界経済の成長率はここ数十年で最低水準になると予測しており、貧困がさらに深刻になることで、社会格差も広がると予測されている。[10]そして、日本においても様々な面で格差が増大している。所得格差を示すジニ係数は、1980年以降上昇傾向を続けており、2021年には0・57と近年でも高い水準の数値となっている。[11]公的年金などの社会保障や税金による再分配によってジニ係数は0・3813に調整されてはいるが、アメリカやイギリスなどに次いで、先進国の中でも所得格差が大きい国であるとされている。

また、「教育」は健康に対し保護的に働くが、その教育ですら機会の格差が広がっている。その要因のひとつは相対的貧困層の増大であり、教育にかけられるコストの高低によって学力そのものへの影響が懸念されている。また、集団に対する教育は重要だが、教育により集団全体の社会的地位が向上する一方で、その向上する流れからとり残された下層グループとの格差を広げるという反作用を生み、結果的に格差が増大するといった問題もある。

さらに貧困は経済的な影響だけではなく、「機会の貧困」にも関係している。つまり、貧困であるがゆえに生活に余裕がなく、生活習慣の改善や社会参加の機会を得ることができない。以前に、ある自治体で「貧困層への現金での支援は、生活改善ではない使われ方をする場合があるから、米を現物給付しよう」とした方針が大きく批判されたことがあったが、そういった世帯では米だけを支給されても、炊飯器も無ければ水や電気の支払いにも困窮している状況で、そもそも「米を炊く時間と手間」が捻出できなかったりするからだ。そういった、人間の生活への想像力の無さが、結果的に格差を固定化させることが大いに批判されたのである。

また貧困層においては社会参加の機会を得る余裕も無いことから畢竟、情報リテラシーの高い人たちと付き合える機会も減り、その人にとって有益なサポートの情報も得られずに孤立・孤独の程度も深くなっていく。子どもについても、周囲に大学卒や多国籍など多様な社会背景をもっている集団の中で過ごすことが少なくなってしまえば、「人生には多様な生き方があるんだ」ということに気づくことすらないだろう。

こういった多次元的な貧困が、広まりつつある。

生活における貧困や社会的孤立をスクリーニングする試みも始まっている。西岡らの開発した、「生活困窮評価尺度」は**表**にあるように4つの質問項目で、特に医療機関における患者の生活困窮を評価できるようにしている。

この尺度の具体的な利用方法としては、各医療機関での外来受診時や入院時の問診票などにこれらの質問項目を導入することが想定されている。その結果、孤立や貧困による治療プロセスへの影響が懸念される場合に、公的支援や社会的処方の紹介を行っていく。ただし、この尺度においては、カットオフ値（例えば10点満点中、〇点以上なら異常値と判定する、など）が設定されていないため、多次元的な貧困について広く検知することは困難であり、その点については今後のさらなる開発が待たれるところである。

世界的に社会的格差が広がっていく流れの中で、格差を縮小させ「誰も取り残されない社会を作る」ことは容易なことではないが、これから本書を読んでいく中でそのヒントが得られることを期待している。

| | |
|---|---|
| 1 | この1年で、家計の支払い（税金、保険料、通信費、電気代、クレジットカードなど）に困ったことはありますか。 |
| 2 | この1年間に、給与や年金の支給日前に、暮らしに困ることがありましたか。 |
| 3 | 友人・知人と連絡する機会はどのくらいありますか（連絡方法は電話、メール、手紙など何でも構いません）。 |
| 4 | 家族や親戚と連絡する機会はどのくらいありますか（連絡方法は電話、メール、手紙など何でも構いません）。 |

**表**：生活困窮評価尺度[12)]

## 参考文献

1）REPORT OF THE ANNUAL SOCIAL PRESCRIBING NETWORK CONFERENCE. https://www.researchgate.net/publication/359393191_REPORT_OF_THE_ANNUAL_SOCIAL_PRESCRIBING_NETWORK_CONFERENCE（最終閲覧日２０２３年９月４日）

2）Caitlin Muhl, et al. Establishing internationally accepted conceptual and operational definitions of social prescribing through expert consensus: a Delphi study. *BMJ Open*. 2023;13:e070184.

3）NPOブックスタートWebサイト https://www.bookstart.or.jp/（最終閲覧日２０２３年９月15日）

4）Tiia Ngandu, et al. A 2 year multidomain intervention of diet, exercise, cognitive training, and vascular risk monitoring versus control to prevent cognitive decline in at-risk elderly people（FINGER）: a randomised controlled trial. *Lancet*. 2015;385（9984）:2255-63.

5）Daisy Fancourt, Andrew Steptoe. The art of life and death: 14 year follow-up analyses of associations between arts engagement and mortality in the English Longitudinal Study of Ageing. *BMJ*. 2019;367:l6377.

6）田村元樹ら「第４回 暮らしているだけで、うつになりにくいまちのエビデンス」https://project.nikkeibp.co.jp/atclppp/022100041/052700006/（最終閲覧日２０２３年９月27日）

7）The World Giving Index, 2022. https://www.cafonline.org/about-us/publications/2022-publications/caf-world-giving-index-2022（最終閲覧日２０２３年９月29日）

8）近藤克則『健康格差社会への処方箋』医学書院、２０１７、85－86頁。

9）Kondo N, et al. Income inequality, mortality, and self rated health: meta-analysis of multilevel studies. BMJ. 2009;339:b4471.

10）World Economic Situation and Prospects 2023. https://www.un.org/development/desa/dpad/publication/world-economic-situation-and-prospects-2023/（最終閲覧日２０２３年９月28日）

11）厚生労働省「令和３年所得再分配調査の結果」https://www.mhlw.go.jp/stf/houdou/96-1_r03kekka.html（最終閲覧日２０２３年９月28日）

12）西岡大輔ら「医療機関で用いる患者の生活困窮評価尺度の開発」『日本公衆衛生雑誌』２０２０、67、４６１－４７０頁

CHAPTER

# 2

# 孤独・孤立の現状

内閣官房孤独・孤立対策担当室が2022年に2万人を対象に調査を行った「人々のつながりに関する基礎調査」（有効回答率56・1％：回答数11219件）において、孤独感が「しばしばある・常にある」「時々ある」を合わせると20・7％、つまり5人に1人はそれなりの頻度で孤独感を感じていることが明らかになった。さらに、その割合は2021年の19・0％よりも拡大していた。またUCLA孤独感尺度に基づく孤独感スコアでは、孤独を感じる頻度が「常にある」「時々ある」を合わせると48・7％となり、約半数の方が実際には孤独を感じている現状が示唆された。[1]

さらに、「孤独・孤立」というと「話し相手のいない高齢者」のようなイメージを持ちがちかもしれないが、この調査で明らかになったのは、年齢別にみたときに20代〜30代が最も孤独感を感じているという結果が得られたことだった。これは、日本国内だけの傾向ではなく、どういった人が孤独感を感じやすいのかについて237の国、約4万6000人からのデータを収集した結果では、

**①年齢による影響：若者が最も孤独。中年は老人よりも孤独**

**②女性より男性が孤独を感じる（年齢は関係なし）**

**③個人主義の国の人々は集団主義の国より孤独感が増大する**

という傾向があることが報告されており、「個人主義の国で暮らす若い男性」が最も孤独を感じやすいという結果となった。[2] この論文の中では、なぜ若者ほど孤独・孤立を感じやすいのかについて、他の文献を引用する形で「青少年や若者は、社会的ネットワークが不安定であり、学校での変化、アイデンティティ探求などによって、孤独に弱くなっているのでは」と考察している。子どもの時に社会的孤立や孤

独感を感じていた人は大人になったときに3倍、うつ病を発症するリスクが高くなり、青年期の孤独は大人になったときの不安感を増大させるといった報告もある。[3)] 子どもと若者への社会的処方（social prescribing for children and young people : CYPSP）は、高齢者に対するものと同様、またそれ以上に重要であることがわかる。

こういった孤独感について、コロナ禍を経てより状況は悪化したのでは、と考える人は多いだろう。実際に、外出や会合の自粛によって他人と接する機会が減少した人は多かったであろうし、それによって他人との関係性が失われてしまったという例も増えたことは事実である。しかし、Kaspersky社が２０２０年に日本人５００人を対象とした調査からは、「新型コロナ流行前と外出自粛期間中の孤独感は変わらない。コロナ禍前から同じくらいの孤独感を感じ続けていた」と回答した人が５００人中２７８人（55・6％）と最も多く、つまり2人に1人は新型コロナ流行前から孤独を感じており、それがコロナ禍で悪化したとは感じていないという結果だった。[4)]

一方でやはり、「コロナ禍で孤独感が悪化した」とする調査報告もある。野村総研が２０２１年に実施した日本人２２０４人を対象とした調査では、「孤独を感じる」と回答した方々のうち、50～60％以上の方が「コロナ禍前よりも孤独を感じることが多くなった」と回答している。[5)] これは先の調査よりも、こちらの方が調査時期が遅いため、長引くコロナ禍で孤独感が次第に悪化した結果と考えられるかもしれない。

そして、この調査で興味深い点は、一人暮らしや未婚者で孤独感を感じる方が多いのは想定内としても、既婚者や一人暮らしでない人も3人に1人が孤独を感じており、さらに「コロナ禍で孤独感が悪化した」という割合は未婚者よりも既婚者の方が高かったのである。さらに、既婚者や一人暮らしでない人のうち、孤独を感じたとしても「相談したいが、する人がいない／相談することができていない」と回答した人が約3割もおり、配偶者や同居相手が必ずしも孤独の相談相手になるとは限らないとされた。[5)]

そして、コロナ禍における自殺率も、特に女性と若い年齢層に大きな影響を与えたとされており、2016年〜2020年までのデータと2020年〜2021年のデータを用いた解析で、その過剰死亡数は男性で1208人、女性で1825人と推計された。[6)] 女性はコロナ禍において、あらゆる理由で自殺が増加し、特に家族、健康、仕事に関連した理由による自殺が増加していた。[7)] また、コロナ禍において地域における失業率が1パーセント上昇した場合、女性と男性の自殺率がそれぞれ60・5%、26・5%増加することに関連しているとも報告された。[8)] 世帯収入や貯蓄が、コロナ禍前より減少した人は全体の約3割にのぼり、そのうち7割がコロナ禍前よりも孤独を感じることが多くなったと回答している。[5)] これらの調査結果は、コロナ禍において特に女性や若い世代が仕事や生活環境においてさまざまなストレスにさらされ、その結果精神的健康が悪化して自殺が増加したことを示唆している。最近日本で弱い立場にある人々の割合が増加していることと、そのような人々を支援するための公的および非公的支援が不足、または届いていないことが原因である可能性があると、研究者たちは指摘している。[6)]

こういった状況の中、国連が「世界幸福度調査」の結果に基づき2012年から毎年発表している、「世界幸福度ランキング」で、日本は常に低水準のランク帯をウロウロしている。2023年に発表された結果は、まさにコロナ禍の２０２０〜２０２２年の3年間を対象としたものであったが、日本は全１３７か国中47位であった。[9] これは２０２２年の54位と比較すると大きく順位を上げた結果である。社会的支援や人生評価・主観満足度のスコアが上がったことが、ランク上昇の要因であるが、それでも主要7か国（Ｇ７）の中では最低のランクであった。

## 若者を含めた「居場所」はどのように作れるのか

高齢者はもちろんのことだが、若者を含めた孤独・孤立の問題があることが各種調査から明らかになってきたことで、これら世代ごと、または全世代を対象とした対策が必要となる現状がわかってきた。

では、若い世代が「居場所」として感じられるのはどういった場所であろうか。内閣府が２０２２年に人生観や幸福感、他者との関わり方などを調べた「こども・若者の意識と生活に関する調査」によると、10〜39歳が「安心できる場所」として挙げたのは「家庭」が88・０%、「インターネット空間」が58・2%、「地域」は52・8%、「学校」は49・9%、「職場（15歳〜39歳のみ）」は41・０%だった。[10]

また、こうした「居場所」を感じる場所の数と、自己肯定感や幸福感はおおむね相関関係にあることもこの調査で明らかとなった。居場所がゼロ、と回答した人のうち「今の自分が好きである」と回答したのは24・5%、「今、自分が幸せだと思う」と回答したのは39・6%に過ぎなかったのに対し、居場所がひとつでもある人は自己肯定感の高い人が32・7%、幸福感の高い人は61・1%まで上がった。さらに居場所が3つ以上あれば、自己肯定感が高い人は5割を超え、幸福感が高い人は8割まで向上したのである。

しかし、このような「居場所」を特に若者を対象にして用意することは簡単ではない。先に述べたように、若者は一般的に社会的ネットワークへの接続やアイデンティティ、また社会的立場が不安定であり、大人たちが良かれと思って「若者のための居場所」を作ったとしても、そこに接続できるだけの時間やお金が無かったり、情報が届かなかったり、そもそも自身の孤立を「孤独」として認識していなかったりする。さらに、ひとたびまちに出てみたとしても、そこは「私物化された公共」にあふれていて、社会的に排除されかけている人が安心して居られる場所はほとんど存在しない。お金さえあれば、カフェやマンガ喫茶、映画館や美術館など、「公共的な空間のようで誰かの私物である」場を、お金と引き換えに一時的に占有することはできる。しかし、それもできない人にとっては、公園や図書館、大通りの道端や河川敷ですら、やはり「私物化された公共」であって、そこを「居場所」としてうろついたり、居座ったりすれば、警察や警備員、近隣の住民によって簡単に排除されてしまう。公園や駅前広場の「手すりで仕切られたベンチ」は、「ここはあなたの居場所ではないんだよ」と暗黙のメッセージを放ち続けている。

もちろん、「自ら選択した孤独」は否定されるべきではない。常につながりの中で生きていくべきだ、なんてことは自由の侵害に他ならない。しかし一方で、「望まない孤立」の状態は放置されるべきではない。「自ら選択した孤独」は、ひとたび「つながりたい」と願えばいつでもつながれる自由とセットであるからこそ豊かなのであり、つながりが阻害された結果として追い込まれたがゆえの「望まない孤立」とは別物なのである。

では、お金も時間も無く、「公共の仮面をかぶせた、作られた居場所」に足を運ぶ必要性も意義も感じられない若者たちに対し、どうやって孤独・孤立の問題へ対応できる環境を提供していけるのだろうか。その答えのひとつは、「日常の動線上となる場において、人がつながる」環境を準備することである。では「日常の動線上となる場において、人がつながる」とはどういうことなのか。その実践が最も分かりやすい例として、東京・高円寺にある銭湯「小杉湯」を訪れた際のレポートをご覧いただきたい。

REPORT KOSUGIYU Tomohiro Nishi

「こんばんは」

「おやすみなさい」

番台のお姉さんが、行き交うひとりひとりに声をかける。少しはにかみながら「あ、おやすみなさい」と返す若者もいれば、「なんか外でイベントやってんのー」と大声で笑いながら話すお婆さんもいる。待合で体をくずしてゆったりと本を読む男性の向こうでは、壁のアートに描かれた女性がまた微笑んでいる。ここは、東京・高円寺に90年間建ち続ける「小杉湯」、いわゆる銭湯である。

社会的処方、ケアの場としての小杉湯が話題になり始めたのはいつの頃だったろうか。前著『社会的

**図1**：昭和８年の開業以来、高円寺に灯りをともし続けてきた銭湯「小杉湯」。建物は登録有形文化財に指定されている（写真提供：小杉湯　撮影：幡野広志）

処方』が上梓された２０２０年ころには、もうすでに「医療×銭湯」の取り組みがスタートしていて、ＳＮＳでも話題になっていたと思う。

そもそも銭湯という場自体が持つ可能性については、僕も以前から注目はしていた。毎日のように通う人がいて、そこには番台さんや常連さんとのコミュニケーションがある。それまで町の中で孤立していたとしても、銭湯に通うだけで「誰かに顔を知ってもらえる」ことの意義は大きいのではないか、と考えていた。しかし、小杉湯で取り組んでいることは他の銭湯とは少し違う。様々な記事や発信された情報を見るだけでは分からない何かがありそうだ、と考えていたところ、今回、小杉湯の3代目である平松佑介さんと、小杉湯でインターンをする山邊鈴さんにインタビューの機会をいただけることになった。

しかしその夏の暑い日、僕とスタッフの2名で伺った高円寺で、平松さんたちの意外な回答に僕らは唸らされることとなったのだった。

## 90年間建ち続けてきた「場」としての力

「銭湯は、人と人とのコミュニケーションより、まず『場と人とのコミュニケーション』があるんですよ」

平松さんの言葉に、僕はまず自分が大変な思い違いをしていたことに気づかせられた。確かに、銭湯に行って誰かとベラベラ話すことなど稀だ。番台さんも僕のことは知らないし、もちろん他のお客さんだってお互い何をしているかなんて知る機会もない。

銭湯とは基本的に、「お湯を沸かして、そのお湯をシェアしている」形になっている。番台でお金を払って、その後はセルフサービス。その中で人と人とのコミュニケーションは最小限しかない。だからこそ、銭湯では「場所と人とのコミュニケーション」が大事になる。例えば小杉湯なら、この建物がずっとここに在り続けることそのものに大きな力があるし、掃除も4人で4時間かけてピカピカに磨いている。そうやって、気持ち良いお風呂に入ってもらうことこそが、場を通じてのスタッフとお客さんのコミュニケーションになる。また、デザイナーにも入ってもらって、ひとつひとつのPOPやディスプレイを整えて、自分たちの思いを伝えようとしている。

「僕らはそれを『サイレントコミュニケーション』って言葉で表現しています。お客さんは、きれいで清潔で気持ちいいお風呂を体験するために銭湯に来てくれるのであって、誰かとお話しするために来るわけではないんですね。それでも、このまちに暮らす中でだいたい決まった時間に小杉湯に来る、っていうのが日常に組み込まれていると、毎日のように顔を合わせる中でお互いに顔見知りにはなる。年齢や肩書どころか名前すら知らないし、会話をするわけでもないのですが、そういった『顔でつながる』って段階がある。それがすごく心地が良いし、大切だと思っているんですね。人と人とのつながりだけだと、コミュニケーションが得意な人だけの居場所になってしまうけど、銭湯はお客さんが自分と周囲との距離感を選ぶことができる。それこそが銭湯が持つケアの価値になっていると思っています」

また、たまたま高円寺で小杉湯と出会ったために、インターンとして働くことを決めた山邊さんは、初めて小杉湯という「場」に触れた時の体験を語ってくれた。

「小杉湯に初めて来たときに、女湯の脱衣所にメイクカウンターがあったのですが、そこに置かれたＰＯＰに目が止まって。そこには、このメイクカウンターを設置した小杉湯の思いが書いてあったんですけど、それを読んだときに『あっ、この銭湯には私たちが見えている』って感じたんです。でも、見えているといってもスタッフが話しかけてくるわけでもないし、どう良かったでしょ、っていう押しつけ感も無い。それで改めて全体のサービスをよくよく見ていくと、これは『私』がいることを念頭に置いて作られているんだな、って感じられたんです。それが、来るたびに小杉湯が安心できる場所となる理由だと思っています」

このような「場と人とのコミュニケーション」の土台があるので、番台が使う言葉も「いらっしゃい」「ありがとうございました」ではなく「こんにちは」とか「おやすみなさい」っていう、家庭の中などで使われる距離感の言葉にしているとのこと。

「『1週間の終わりに、小杉湯でおやすみなさいって言ってもらえることで救われるんです』って感想をいただいたこともあります。『いらっしゃい』『ありがとうございました』だと返事がしにくいですけど、『おやすみなさい』って言われたら『ああ、おやすみなさい』って返せるってことの意味は大きいと思うんです」

コミュニケーションとは、「大勢でワイワイしたり、特定の人とじっくりと話したり」という濃厚な面と、孤立・孤独というゼロの面ばかりが強調されがちだが、実際にはその間には細かく広いグラデーションがある。だから、「一人でいたいけれども、つながりは感じたい」のような、一見すると矛盾した欲求があってもいい。そんなあなたにも柔軟に応えられる。そう、銭湯ならね。

## 社会に必要な、インフラとしての銭湯

そもそも銭湯は、戦後には厚生労働省管轄で公衆衛生を担うインフラとして作られていった。それは銭湯がもつ「体を清潔にする」機能を、地主さんやアパートの大家さんたちと一緒に民間の事業として担っていった歴史がある。

しかし、1960年代に東京都内で2687軒あった銭湯も、ユニットバスが各家庭に普及したことで「体を清潔にする」機能はその役目を終えて、2022年末時点で462軒にまで減ってしまった。

そんな状況の中、２０１７年に3代目として小杉湯を継いだ平松さんは「6年間やってきて分かりましたが、銭湯は社会に絶対に必要なものです」と言い切る。その要因となるひとつは、小杉湯に来るお客さんたちを見ていて、お湯を使うことが彼ら・彼女らにとって「生活のベース」になっていると感じられることだという。

「小杉湯がこの高円寺のまちにあり続けることが、肉体的・精神的・社会的にいい状態、つまり健康をつくることにつながると思っています。ただ、それは彼ら・彼女らにとっての30点くらいのもの、と思っているんです。小杉湯に通うことがお客さんにとって、マイナスがゼロになるとか、ゼロが30点になるくらいの。でも、そこに他のことで30点取れれば60点になるじゃないですか。小杉湯に来て病気が治るわけでも、友達ができるわけでもないけど、『自分、大丈夫だな』って思ってもらえているかなって」

日常の、人が行き交う中にちょっとだけ非日常的な銭湯がある。1週間に1度、小杉湯に通ってもらうことは「自分で自分のご機嫌をとる」みたいな意味合いになる。社会的処方的な役割を担おうと思って銭湯を経営してきたわけではないが、このまちで90年間変わらない建物で、多くの方々の思いを集めて続けてきた小杉湯という場が、これから50年後、１００年後も続いていくことそのものが社会的処方の場としての意味を持つのではないか、と平松さんは分析している。

また、大勢の人が行き交うにも関わらず「外から見えない場がある」ところに、他にはないつながりの形を求められているように感じられることがある。例えば、小杉湯の女湯の脱衣所に設置された「お悩み掲示板」について。これは、小杉湯で働いている若い子たちが、昔の駅にあった「掲示板」に憧れる！

というきっかけで始まったものだ。掲示板には誰もが自由に相談事を書いて貼れ、その返事もまたお客さんが自由に書いていいものだという。すると設置してから間もなく、数えきれないほどの相談と、そして回答が次々と貼られていくようになった。例えば、「いつもこの時間に一緒になる方がいらっしゃるんですが、話しかけても良いと思いますか」とか「高円寺に引っ越してきたばかりで友達が欲しいです」と貼られると、それらに対し「私だったらいつでも話しかけていいですよ」「私も同じ気持ちを持っています」という回答が並んでいく。他にも病気の悩みや結婚・恋愛の相談、また仕事のつらさなども掲示板に貼られているのだという。

「脱衣所が『小杉湯が好きな』『女性である』と限定された場であることに意味があると思うんですね。一方で、小杉湯は1日に400~500人、休日だと1000人近いお客さんが利用するので、書いた人・書かれた人が特定されることも無い。程よく匿名性がある良さもあるから盛り上がっている。みんな『誰かに聞いてほしい』という思いはある。でもそれを、知り合いに面と向かっては言いにくい、SNSだと炎上するかもしれない。何者でもないありのままの自分としていられる、この『小杉湯の女湯』だからこそ置いていける言葉っていうのがあるのかなと思っています」

## 「開くのではなく、閉じない」からの相補う関係性

小杉湯では、自分たちは社会に対するインフラだという意識があるから、「開くのではなく、閉じない」

を意識している。例えば、刺青（タトゥー）について銭湯としてどう考えるのかは、よく問題となるが、小杉湯ではそれを良いとも悪いとも言っていないという。刺青がある方はずっと昔から小杉湯にいらっしゃっているのだから、それは「当たり前の風景」になっている。それをわざわざ「刺青ＯＫ」とか逆に「刺青ＮＧ」とか掲示したりすると、そこに「正しい」「正しくない」みたいな対立を生むことになる。

「それが、僕らの考える『開くのではなく、閉じない』ということ。だから、他にも例えば障がいがある方が銭湯にお越しになったりする場面もたくさんありますが、私たちが考えるのは障がいあるなし関係なく、一人一人が気持ちよく通い続けてくれるにはどうしたらいいか、ということだけ。それをあえて『障がい者にフレンドリーな銭湯』とか意識したこともない。この小杉湯が長い年月を経て、もう神社・仏閣みたいな意識が僕らにもあるのですよね。人の寿命よりも長く建っているこの建物の中では、一人一人の比較とか小さなもののように感じられるのかもしれません」

銭湯が社会のインフラとしての役割を果たしていく中では、行政の協力も不可欠と平松さんは言う。例えば65歳以上の方は１００円とか無料でいつでも入れるようにして利便性を高めるとか、生活保護の方に入浴券を配布するなどは、行政が昔から取り組んできたこと。そして最近では行政だけではなく医療機関からも、銭湯に対して高齢者や認知症のある方などの福祉的な意味合いでの受け皿を期待される面が強まっているという。

ただ、行政や医療との関わり合いが深くなっていく中で、期待される役割を果たしていくことは大事だし、それは社会的にも良いことではあるものの、一方で銭湯の本来業務の負担になっている面がある

**図2**：小杉湯の待合。壁をギャラリーとして利用している他、スタッフが選書した本の販売なども行っている。（写真提供：小杉湯）

ことも否めないという。

小杉湯で提供しているのはあくまでも「銭湯」というインフラであり、福祉的な役割を果たすために運営しているわけではない。もともと大切にしてきたコミュニケーションやサービスの形の中で提供できる範囲であれば良いが、今後その範囲を超える役割を期待されたとき、それに応えられるのかという不安がある。

「小杉湯ではスタッフに認知症サポーター講座を受けてもらったり、医療機関と連携して学びを深めようとしている。それは僕らの『閉じない』スタンスとして、認知症の方に限らずどんな方に対しても大切にしたい部分があるよね、と皆で話したりしています」

平松さんは、そう話して笑っていた。

しかし僕はそこまで伺って、「それは小杉湯の皆さんが素晴らしい、意欲にあふれた方々だからできることかもしれない。一般的にそれは、社会的処方が広がっていった世界における、『専門職セクターが地域資源側に社会課題を丸投げする問題』とつながっている、重要な批判のひとつである」点について指摘をした。

社会的処方の負の面のひとつとして、専門職や行政などが「これは地域で解決すべき課題だから」、といって企業や市民活動に福祉的な役割を過度に押し付けてしまう危険性は以前から指摘されてきた。実際に、イギリスにおいても「社会的な困りごとは、なんでもかんでもリンクワーカーへ、そして地域の社会資源へ」と放り投げられる現状が問題となっている。目の前にある問題は事実として「地域で解決すべき課題」であることには違いないかもしれない。だからといって本来的にケアを本業とする場ではない企業や市民団体にとってはその課題解決を期待される役割が重荷になり、結果的に活動そのものをつぶしてしまうことになりかねない。それは長い目で見たときには地域全体のケアの質をも下げうることであり、孤立・孤独の問題を助長しかねない。

そのため、社会的処方が広がっていく中では、医療や行政、また地域における活動はそれぞれ双方向および相補的な関係性を築いて「一緒にやっていく」体制を育てていくことが大事なのである。例えば、認知症のある方に対し、ある医療機関がその日常の中での居場所として小杉湯を処方したとしても、小杉湯側がその依頼を一方的に受けるだけではなく、何か相談したいことがあるときには医療者に気軽に電話できるとか、また逆に小杉湯に通うお客さんのことで医療的な助けが必要と考えられるときには医療者に銭湯に出向いてもらう「処方」ができる、といった関係性があることが理想的といえる。

## 小杉湯「的な場」が持つ、社会的処方としての意義：社会的行方不明者をつくらない

では、小杉湯の社会的処方としての意義はどういったところにあるのかを考えてみよう。もちろんこれは、銭湯だったらどこでも社会的処方的な場として成り立つか、というとそれはない。小杉湯の場合、多世代の方々がこの場に行き交い、みんなが愛情をもって長年この場を育ててきたからこそ、結果的に社会関係資本としての場が作られてきたのである。それでは、あなたのまちで同じ機能を果たせる場はどこか、と考えたときに、あるまちではカフェかもしれないし、お寺かもしれないし、郵便局かもしれない。

そこにある本質は「生活の動線上で、人と人とが行き交う、ハブとなる場」である。

書籍『社会的処方』が上梓され、さあこれからだ、という時にコロナ禍が発生した2020年。日本中でイベントが軒並み中止になり、人と人との集まりが避けられるようになり、みんなが「ステイホーム」を求められる中で、少なくない方から「これで社会的処方もお終いですね」と言われたことがあった。僕も、一時はその言葉を真に受け、「孤立・孤独の問題は悪化するに任せるしかないのか」と絶望した。しかし、冷静になってよくよく考えたとき「人と人とがつながりを感じられるのは、イベントや集会といったコミュニケーションの場にしか存在しないのか？」という疑問であった。そもそも、コロナ禍になる前、多くのイベント関係者が嘆いていたのは「こういった集まりに来るのはいつも同じ人ばかり。本当に来てほしい、引きこもりの方とか高齢男性とかが出てきてくれることが無い」という事実ではなかった

か。さらに、イベントで一時的な「顔見知り」を強制的に作ったとしても、その後もつながり続けていけた人がどれくらいいただろうか。つまり、「日常に根差さない、見せかけのつながりにどれくらいの効果があるのか」と疑念を抱いたのである。

それに対し、銭湯や病院、市場や学校などの「生活の動線上」にある場は、コロナ禍も関係なく人が集まり続けた。生活するうえで必要不可欠な場である以上、頻度は下がったにせよ、「赴かなければならない場」であったからだ。それはつまり、引きこもり状態になっている方(もしくはその関係者)も、このまちで生きている以上、必ずこういった場に存在しているはずだ、ということを意味する。

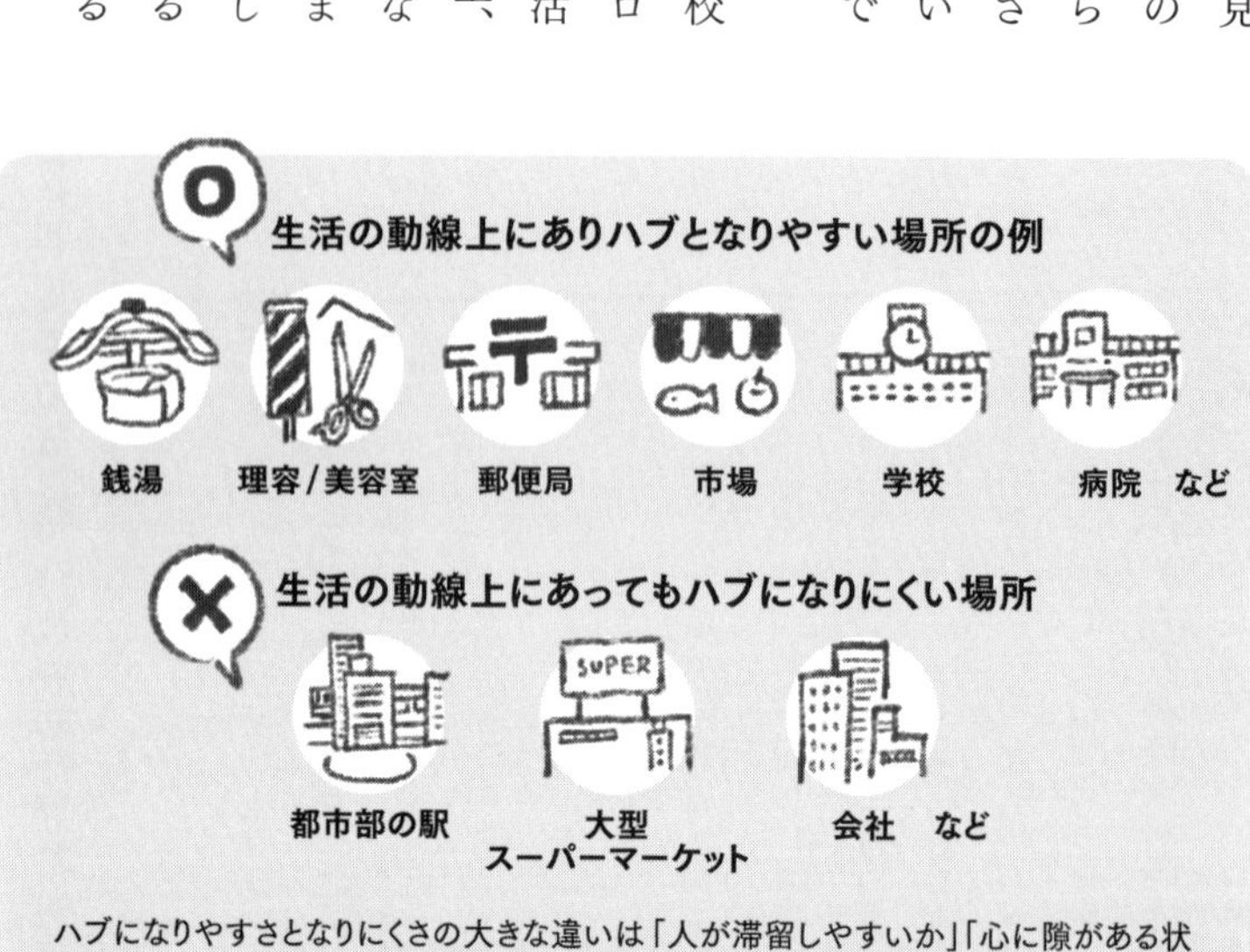


ハブになりやすさとなりにくさの大きな違いは「人が滞留しやすいか」「心に隙がある状態になるか」。例えば駅はたくさんの人が常に行き交ってはいるけれども、一人一人が流れていくスピードが早く、また目的地へ急ぐため心理的間隙も無いため、関わりしろを作ることが難しい。逆に言えば、駅であっても関わりしろを作るデザインを工夫すれば、そこがハブになることはあり得る。よって、上記のパターンはそれぞれのまちによって異なるということである。

**表1**：生活の動線上で、人と人とが行き交う、ハブとなる場とは

しかしこれまでは、そういった場で存在していたとしても、誰からも「顔が見えていない状態」であることが放置されてきた。そこに存在しているにも関わらず、誰からも存在しているように扱われない。それは「社会的行方不明者」の状態にあると言えるだろう。

これからの社会では、この「社会的行方不明者」を少しでも減らすことが求められる。そのためには、あなたのまちで「生活の動線上にあるハブとなっている場」を、行政や医療者を含めたまち全体がどれくらい支援し、一緒になって場を尊重していけるかにかかっている。銭湯で週に1回見かける、誰ともつながりを作ろうとしないお兄さんがいたとしても、番台さんが「おやすみなさい」と声をかけて目が合うだけで、そこに関係性は存在している。それでもう彼は社会的に行方不明ではないのだ。

私物化された公共にあふれたまちの中で、銭湯を含めた生活をしている全体が、その人にとっての「居場所」になる。誰か他の人たちによってつくられたまちを、ただ単に「与えられる」のではなく、自身にとって「手触りのある感覚をもちながら」まちにただ存在していることができ、そして存在していることを承認され続ける。そしていまは孤立に困っていない彼が、いつかより強いつながりを求めてくる機会があれば、その先は無限に広がっている。そんなコミュニティを育てていくことが大切ではないだろうか。

小杉湯がいままできていることは、小杉湯がその立地と歴史の中で積み上げてきたものだ。「私のまちでも同じことをやりたいです」と願っても、そのほとんどは難しいであろう。小杉湯の取り組みを単にコピーするのではなく「私のまちで大切にしたいことって何なのだろう」「このまちで人が行き交う場はどこにあるんだろう」を考えてほしい。それが具現化した一つの姿が小杉湯であり、また別の町では全然違った、社会関係資本の構築の姿があるのである。

## 社会的処方の進化 Green/Blue Social Prescribing

コロナ禍によって影響を受けたのは、もちろん日本だけのことではない。社会的処方の本場、イギリスでもその影響は顕著だった。それまで社会的処方として実践されてきた室内アクティビティの多くが、活動に制限を加えられたのだ。しかし一方で、「室内で活動できないのなら、室外で活動しよう」と考えられた結果、「Green Social Prescribing」という分野がこの1〜2年で急速に発展してきた。

ここでいう「Green」とは、森林や自然環境といった意味。要は、トレッキングやガーデニング、牧場や農園などを用いた社会的処方をGreen Social Prescribing（GSP）と名付けたのだ。そしてGSPが有名になるにつれ、今度は「Blue Social Prescribing（BSP）」という名称もちらほらと目にするようになった。ここでの「Blue」は水辺。こちらは海や河川、運河などの周辺で行われるアクティビティ全般を指す用語として用いられるようになった。

こうして、GSP／BSPが社会的処方の活動として注目を集めた結果、ひとつの専門分野としてその意義と効果が研究・検証されるようになってきている。

**表2**に示すようにGSP／BSPは、これまで考えられてきた一般的な社会的処方とはいくつかの面で特徴的な違いがある。

そもそも森林や水辺と健康やウェルビーイングとの関わりは、古代ローマ時代から自然に囲まれた環境内に開発された温浴施設（スパバス）から始まり、「医学の父」ヒポクラテスの時代には「入浴・発汗・ウォーキング・マッサージなどの習慣と自然環境からの刺激」が健康向上のために推奨されてきた歴史がある。[11] その後、自然環境への曝露による五感を通じた様々な体験が、身体的・精神的健康を保つのに有効ではないかと考えられ、現代においては従来の医療を補完する位置づけを担う役割を期待されてきている。[12]

さらにGSP／BSPの興味深い点は、この健康とウェルビーイングを向上させる役割の他に、「森林／水辺の環境の保全」についても期待されているところだ。人間が快適に過ごそうと試みて土地を「都市化」していくプロセスは、森林や水辺といった自然環境を搾取し汚染する側面を少なからず抱えている。その影響は大気や水質の汚染による特定の健康被害のみならず、自然環境と人間社会が都市化によって「断絶」することで、うつや不安、ストレスレベルと

| | |
|---|---|
| **定義** | **人間の健康やウェルビーイングを促進させるために、自然環境の中で過ごすことを含む、活動の処方箋** |
| **特徴** | ・森林／水辺の環境の保全<br>・自然環境へ参加する不平等の解消<br>・医療や社会保障制度への需要の軽減<br>・メンタルヘルスの改善 |

**表2**：Green/Blue Social Prescribingの定義とその特徴（文献11から筆者制作）

いったメンタルヘルスの問題を悪化させることにまでおよぶ可能性がある[13]。GSP/BSPによって、人が定期的に自然環境の中に介入していくとき、そこから得られる恩恵を最大限とするためには、それらの環境を維持・管理していく必要性に迫られる。少なくとも自然環境との「断絶」が解消されることで、これまで自分たちの社会が侵略してきた森林や水辺に関心を向け「人と自然との関係をつなぎなおす」効果はある。つまり、GSP/BSPは人に対する社会的処方のみならず環境保護に対する処方箋として機能することも期待されている。

ただし、都市化によって人が生活する環境から大きく周辺に追いやられてしまった自然環境は、多くの健常者にとってはまだアクセスが容易かもしれないが、それを本来必要とする病者や貧困層、障がいを抱える方々などにとって得難い資源となってしまっている。そのアクセスの機会の不平等性を解消していこう、というのもGSP/BSPのコンセプトのひとつなのである。

このように、人間の特にメンタルヘルスの改善への期待と、環境保護および自然へのアクセス不平等の問題を一挙に解決しようとするGSP/BSPは、今まさに世界から注目を集めている。そして日本においても既に、「認知症や障がいがあっても、海でサーフィンを自由に楽しむ」Blue Social Prescribingを実践してきた方々がいる。神奈川県で2015年から活動を続けてきた「Nami-nications」について紹介していこう。

## サーフィンを通じてつながる Nami-nications

「いい波、来てますよ！」

「乗れてる、乗れてる！　いいですね」

神奈川県・湘南は由比ガ浜の波間。澄み渡る青空の下で、サーフボードを操り白波に乗るその方は、さっきまで車いすに乗っていた男性だった。海に入る前にはやや強張っていたその顔も、波に洗われて今では屈託のない笑顔だった。そして、その男性を岸で受け止める数人の男女たち。彼ら・彼女らの背中には「Nami-nications」の文字が躍る。そう、ここでは障がいや病気といった障壁にとらわれることなく、すべての人がマリンスポーツを楽しむためのコミュニティを作って活動を続けている。

Nami-nications（ナミニケーションズ）は、湘南で働く中

図3：障がいや病気といった障壁にとらわれることなく、すべての人がマリンスポーツを楽しむNami-nications（撮影：西智弘）

で知り合いとなった看護師や理学療法士、ケアマネなどの中でサーフィンを趣味とする方々が「せっかくなのでサーフィン通じて横のつながりを深めましょうか」として2015年にはじまった。

飲み会でお酒を通じたつながりを作ることは「飲みにケーション」と呼ばれたりするが、こちらはサーフィンを通じてつながりを作るから「ナミ(波)ニケーション」だね、と名付けてのスタートとなった。

それから1年後、52歳で若年性認知症を発症したKさんと出会ったことで、ナミニケーションズの活動は大きな転機を迎える。Kさんは若いころからサーフィンが大好きで、サーファーとして大会に出ていたりもしていた。しかし認知症を発症してから、主治医に「一人で海に行くのは危ない」と言われ、それからというものサーフィンは諦めてしまっていた。そして2016年、ナミニケーションズの代表をしている柴田康弘さんたちが、たまたま「RUN伴※」という認知症の啓発イベントでKさんとその奥さんとに出会う機会があった。そこで、「昔はサーフィンが大好きだったけど、今はもう諦めてしまって7年間海には行っていない」という話を伺ったとき、柴田さんたちは「だったら、僕らと一緒にやってみましょうよ」と立ち上がったのだという。

※今まで認知症の人と接点がなかった地域住民と、認知症の人や家族、医療福祉関係者が一緒にタスキをつなぎ、日本全国を縦断するイベント。NPO法人認知症フレンドシップクラブ主催。

そして実際にもう一度海に入れたときのKさん本人の嬉しそうな表情といったら！　本人はもちろんのこと、ご家族も、そして柴田さんたちも感動したのだという。

「大好きなサーフィンで誰もがみんな笑顔になるのって良いな、って思ったんですよね」

と柴田さん。

それから毎月1回集まって、ナミニケーションズのみんなでKさんをサポートをしながらサーフィンを続けてきた。そうするうちに、障がいを持っている方や車椅子ユーザーの方々が「自分たちもサーフィンに挑戦したい」と集まるようになってきて、今では参加希望者が全体として80名ほどまで増えてきた。参加希望者は脳血管障がいや脊髄損傷、視覚障がい、聴覚障がい、知的障がい、そして認知症の方々。神奈川県内の方が多いが、東京や千葉、埼玉など関東近隣の方、遠いところでは京都から車椅子で通ってこられている方もいる。参加希望者が増えたことで、持続可能な活動にする必要性を感じ、2022年に一般社団法人として法人化。「サーフィンを通してあらゆる障壁を取り払い、インクルーシブな社会をつくる」をミッションに定めた。

障がいのある人やご家族にとってマリンスポーツは、まだまだ身近なものではありません。海までのアクセス、準備や道具、そしてアクティビティ、すべてをひとりでこなすことは困難と感じる人も多くいます。マリンスポーツにおけるさまざまな不安を取り除き、誰もが安心安全に海をたのしめる社会を願い、ミッションを定めました。

（Nami-nications webサイト https://nami-nications.com/から）

## アダプティブ・サーフィンが変えていくもの

ナミニケーションズでは、アメリカで「アダプティブ・サーフィン」として発展してきた方法を採用して実施している。「アダプティブ」とは「適合させる」という意味。参加者の障がいの状況に合わせてサーフボードも形を変えるなどして合わせていくことで、一人一人の形でサーフィンを楽しめるようになっている。波に乗る形も人それぞれで、波に合わせていろいろな乗り方があるが、「これが正解」というものがあるわけではない。

「波に乗って気持ちいいのが一番なので、その人なりの形で楽しんでもらえれば良い」

とのこと。

アダプティブ・サーフィンでは「プッシャー」と「キャッチャー」と呼ばれる役割の方々が、プレイヤーをサポートする。プッシャーは沖の側に立って、プレイヤーを波に乗せて岸側に送り出す役割を担う人。そしてキャッチャーは岸の側で、波に乗ってきたプレイヤーを受け止める役割。柴田さんたちは、このアダプティブ・サーフィンのノウハウを、Kさんと出会ってから学んで身に着けていった（最近ではパラサーフィンと呼ばれることも多い）。

ナミニケーションズの活動では、1人が海に入れる時間は20~30分ほど。参加者が10人くらいだったころだと一人が2回海に入ることもできたが、最近では人数も増えてきて、1回だけになってしまっているのが悩みどころ。ただ、サポートメンバー側も40~50人くらい来てくれるので、手厚くサポートはできているとのこと。

ただそれでも、障がいとか認知症がある方が海に入ることの安全面を気にする方も多いだろう。確かに、水辺に近づくことのリスクだけを強調すれば「海に入ってはいけない」となるのだろうけれども、その制限によって彼ら・彼女らの笑顔を安易に奪ってしまうのは本当に正しいのだろうか。

もちろん、安全面への配慮は重要である。体が動かないことで溺水のリスクはもちろん高くなるが、キャッチャーを複数人配することで対応をしている。また、視覚や聴覚に障がいがある方の場合は、波の高さや周囲で泳いでいる人間の数および距離を測り切れない面があるため、その点にも周囲が配慮しながらサーフィンを楽しめるように工夫をしている。しかし、それだけ安全に配慮して活動していたとしても、ケガをしてしまう方も当然いる。例えば、サーフボードで額の一部を切ってしまった参加者がいたときは、ナミニケーションズのメンバーの中には医師もいるので、すぐにその場で処置をすることで大事には至らなかった。柴田さんがその方のご家族に「ケガをさせてしまってすみません」と謝ると「大した事ないですよ。サーファーにとって傷は勲章ですから」と笑い飛ばされたという。障がいがあっても病気があっても「ケガをする自由だってある」。リスクが高いからといって自由を奪ってしまっている意味を、僕たちはもう一度考え直さなければいけないと思う。

「海に近づくことさえ無理と思っていたのが、砂浜の上を歩いたり、海水に浸かることができたことで、もう一度夢が広がった」

障がいになってから初めてサーフィンにチャレンジした方で「自分はまだこんなこともできるんだ」と

勇気づけられて、また別のことに取り組み始めるようになった方も多い。中には、パラサーフィンの選手として大会に出場したい、と意気込んで練習に取り組みだす方もいるのだとか。

群馬県からナミニケーションズに通うBさんは、

「参加して世界が変わった感じがします」

と話してくれた。

「自分も子どものころから特別学級・養護学校に通っていて、障がいがあるからプールとか海とか入ってはいけない、って言われて育ったんですよね」

しかし、ある時に脳性麻痺を持ちながらもナミニケーションズに参加している方と出会う機会があり、びっくりしたのだという。

「この子にはできるんだ。だったら僕もやりたい！って思って始めましたね。その時は本当に気持ちがワクワクして。サーフィンに参加して、他の方々が頑張っている姿を見て、自分もこれからのことを頑張ろうって思えたし、ひとつひとつの目標とか楽しさが見えてくるようになりました」

その一方でサーフィンそのものよりもナミニケーションズに参加することを通じて人とつながりたい、ということに重きを置いている方々も多い。Bさんもまた、

「僕だけじゃないんだ、こんなに仲間がいるんだって、優しくて温かくって…幸せだなあって感じがしたんです」

と、語ってくれたのだった。

ナミニケーションズの活動を見せてもらって一番印象に残ったことは、「障がいや認知症をもっている方々だけではなく、サポートしているメンバーも含めて全員が楽しそうにしている」ことだった。そういう意味では「サポート」という言葉も不要なのかもしれない。障がいがあるから誰かが助けてあげなければならない、という発想ではなく「脚が動かないサーフィンが大好きな方がいる。その方と自分が一緒にサーフィンを楽しむにはどういう工夫が必要だろう？」と考えられているのだ。

「一緒に波に乗って、プレイヤーもプッシャーもキャッチャーも、波の中でもみくちゃになることで、誰に障がいがあるとかないとか関係なくなるんですよね。みんなでひとつになる感覚っていうのを共有できるんです。『障がい者の方々のためにやっています』というより、参加しているみんなが全員楽しんでいますね」

図4：水陸両用の車椅子モビチェア®を利用して海に向かっていく（撮影：西智弘）

と、柴田さんは目を細めながら話してくれた。



## Green/Blue Social Prescribingの広がり

いくつかの研究を統合した解析において、GSP／BSPの実施は抑うつ気分の改善、不安の軽減、ポジティブな感情の促進に有効であることが示されている（身体的機能の改善への有効性は明らかではない）[14]。BSPはまだ研究が不十分とされているものの、例えばイギリスではPTSDに悩まされる退役軍人のメンタルケアの一環として、サーフィンを処方している例も報告されている[15]。イギリスで自然保護活動にあたるThe Wildlife Trustが発表した試算によると、GSPをその対象となる120万人に提供した場合、医療費を6億3560万ポンド（約1160億円）節約できる可能性があると報告されている[16]。

しかし一方で日本においては、まだまだ病気や障がいをもっている方が森林や水辺へ十分なアクセスができるように配慮されているとはいえない。

アダプティブ・サーフィンの世界選手権で優勝の経験をもち、その普及に努める内田一音さんは地元の新聞の取材に答えて、

「大会中、海外の選手から聞かされた言葉が忘れられない。『日本は障がい者が海に足を運ぶための整備

が10年遅れている』。本場の米国やオーストラリアなどでは障がい者用トイレやスロープがあり、砂浜で使用できる車いすも用意されている」[17]

と語っている。

それでも由比ガ浜は元々、バリアフリー化が進んだ海水浴場ではあった。２０１６年4月には、由比ガ浜茶亭組合と市が協力し、安全性や環境保全といった基準を満たしたビーチなどに与えられる国際認証「ブルーフラッグ」を、アジアで初めて取得[18]。このブルーフラッグの基準には、「身体障がい者向けのアクセスと設備」の項目も含まれており、由比ガ浜でも一部の海の家にスロープを設け、水陸両用車椅子を常備している。しかし、１９８５年にフランスで始まったこの認証は２０２３年5月時点で世界51か国、５０３６か所が取得しているが、日本に海水浴場は１０００か所以上ある中でブルーフラッグ認証を受けているビーチはわずか10か所にとどまっている[19][20]。もちろん、認証を受けていない＝バリアフリーではない、ということは無いであろうが、健常者と比較して享受できる水辺が十分ではないことは確かであろう。また、自然にあふれるエリアが都市部から大きく離れてしまっていることで、そこへアクセスするための時間の確保、移動手段、そして費用の問題で分断が生じ、結果的にＧＳＰ／ＢＳＰが十分に行えない、という事態も発生している。

今後、日本においても社会的処方の広がりと共にＧＳＰ／ＢＳＰの考え方が知られていくことで、自然環境と人間との断絶の解消とアクセスの改善が意識され、それが結果的に自然環境を守り育てていくことにつながるよう期待したい。

ではここで、世界で広がるGSP／BSPの例をいくつか見ていってみよう。

例えば、イギリスにおけるスフラ・ロンドンの取り組み。[21][22]このスフラ・ロンドンは2013年に設立された、貧困層やホームレスの方々などに食事を提供する、いわゆる「フードバンク」の役割をもつ慈善団体だが、それだけにとどまらない。スフラ最大の特徴は、フードバンクとしてコミュニティ・キッチンと食用菜園の両方を運用している点である。つまり、ここでは米や野菜を提供するにとどまらず、豊かな自然に囲まれたキッチンで温かい食事を囲みながら、ボランティアスタッフが利用者の話を聞き、必要に応じて給付金などの公的支援や住宅の支援、また職業訓練プログラムなどにつなぎ、社会的孤立から脱却できるように支援を行っている。つまり、この取り組みは貧困・ホームレス・社会的孤立の「原因」と「結果」両方にアプローチしているといえる。そして、その支援を行うボランティアもまた、かつてホームレスとして社会的孤立に喘いでいた人だったりするのだ。

スフラ・ロンドンのwebサイトには、この取り組みによって助けられた方々の声が掲載されている。[22]

「とっても暗い場所から来て、ホームレスの危機に瀕していた私に、スフラは『現実』の世界に戻る旅を始めるのに必要な自信とサポートを与えてくれました。信じてください、一杯のスープを前に、安心できる場所で誰かの肩を抱いて泣けることが、どれほど助けになるのかということを。スフラ・ロンドンこそがその場所なのです。」

ここに助けを求めてくる方には、シリアやアフガニスタンからの難民も多い。言葉も文化も異なるイギリスで、新しい生活を築くことが難しく、社会的孤立を強いられてきた彼ら・彼女らにとって、この場所の存在が大きな救いになっている。

また、スフラ・ロンドンが運営する菜園は、この敷地の景観を豊かにすることに加え、住民が集まり、楽しみ、食べ物を育てる機会を提供しながら、地元の人々のスキル、健康、幸福に投資できる癒しのスペースを提供している。この菜園で栽培された果物や野菜、卵などの食品はフードバンクで提供されたり、コミュニティ・キッチンでの料理に使われている。菜園は、スフラ・ロンドンを利用する方々の気分を改善し、職業体験や語りの場にもなっている。この菜園で様々な方が一緒に作業をしたり、一緒に食卓を囲んだりするなかで、それまで社会的孤立の中で「何もできない」と苦しんでいた方々にとっては自立のスキルや対処法が開発される機会となり、またこれまで「テレビの中にしか存在しないと思っていた」困窮した方々と地元の住民たちが自然と触れ合うことで、差別や偏見を減少させ、社会的な結束を促進する機能もある。また、フードバンクやコミュニティ・キッチンから出た廃棄物は菜園を育むための肥料として再利用され、さらに食品を栽培するために使われている。

スフラ・ロンドンのあるスタッフは、この菜園で多様性をもった方がそれぞれのスティグマを超えてつながりあえるのは「自然とつながり、人が『自然の一部になれる』ことで、現代において『ハムスターが車輪を回すように』なっていた頭の回転を一段落とせるからだ」と記事の中で語っている。[21] 自然の雄大さの中で、菜園にいる誰もがその畏怖に対する「学習者」となれば、そこには年齢や経験、信仰や肩書すらも大きな意味を持たなくなるのである。

また、こういったコミュニティ・ガーデンの取り組みをまち全体に広げていき、ついには「景色が食べられるまち」にまでしてしまった事例も存在する。[23-27] その取り組みとは「Incredible Edible Todmorden（IET）」。イギリス北部にある、人口は1万5000人にも満たない小さな町、トッドモーデンでは、まち中のいたるところに「Edible（食べられる）」な植物が植えられており、無料で誰でも食べられるようになっている。それを育てている人の許可や住民であるという証明もいらず、観光客だって食べて良いのである。

「バスを待ちながらバス停脇に植えられたイチゴをつまみ、病院の花壇でハーブを摘む[22]」といった、日本ではちょっと信じられない風景を作り出したこの取り組みは、2008年にある一人の女性Pam Warhurstさんから始まった。マンチェスターから、トッドモーデンの風景に惹かれて移り住んだ彼女は、気候変動や環境問題に関するある講演会を聞いて衝撃を受けたのだという。さらに、せっかく移り住んだトッドモーデンのまちは人口も減り、衰退の兆しが見えていたし、そこに暮らす子どもたちが自分たちの食べているものがどうやって作られているのかも知らないことにも心を痛めた。

そこで「何か自分も行動を始めないと」と考えた結果、彼女は仲間を誘って、町中で打ち捨てられたようなスペースを見つけては野菜を植え始めたのだ。「食料」をテーマにすれば、多くの人たちと共通の基盤に立って環境問題への理解を深められるのでは、と考えたためだ。

最初は、道端の空き地やバス停のそばから植えはじめ、次第に駐車場や病院の周り、そしてついには警察署の前にまで植栽を広げていった。彼女たちの活動は次第に賛同者を得、一緒に野菜を植えたり育てたりするボランティアたちだけではなく、自分のもっている土地を提供してくれる住民が現れたり、自宅の庭に果樹を植えて誰でも収穫可能にする方々がいたり、最終的には行政も巻き込んでまち全体としての「IET」と呼ばれる活動に発展していった。

「If you eat, you're in（食べるなら、あなたも仲間さ）」を合言葉に、公的な資金援助は一切受けず、寄付やIETを紹介するツアーや講演、そして無償のボランティアたちに支えられて活動が続けられている。

これまで、誰かが全てを収穫してしまうようなトラブルは起きたことがないそうだ。

IETを紹介する記事[24]の中で、広報担当のEstell Brownさんへの「最初、どうやって人を集めたんですか？」という質問への回答が興味深い。

「みんなにメールを送ったの。ただ一言、『ケーキあります』って。そこで集まってくれた人たちと野菜や果物を植え始めたのよ」

Pamさんの動機は、確かに気候変動に対する焦りだったかもしれないが、それをそのまま「世界の環境問題を一緒に考えましょう」なんて呼びかけをするだけでは、ここまでの活動に発展していかなかったかもしれない。

また、同記事[24]からもうひとつ重要なEstellさんの発言を引用しよう。

「植物を育てるためにやっているんでしょ、と言われるんだけど、コミュニティを育てるためにやっているの。例えばここで誰かが植物の世話をしていると、『そんなやり方じゃダメだ』、って声をかけてくる人がいて、『いやいや彼のやり方こそちがっている、そのままでいいのよ』という人がやってきて、そうこうしているうちに、『あれ、ここでタバコ吸えないの？』なんて聞いてくる人もいて、こうして普段なら出会わない全くタイプの違う人が出会ったりするのよ。人々は庭の手入れをすることを通して、食べ物を分け合うこと、お互いをケアしあうことを学ぶの。それらを学んだ人たちは今度は地球のことを考え始める。たとえば豆はここでも採れるのに、なぜアフリカからはるばる飛行機で運んでくるの？ってね」

ＩＥＴの取り組みは、イギリス国内のみならず世界にもその賛同者を広げ、フランスやカナダ、ホンジュラス、オーストラリア、マレーシアなどでも「食べられる風景のあるまち」が作られていっている。[27]

「Believe in kindness and the power of small actions」

これは、ＩＥＴの活動のプレゼンテーションでよく用いられるフレーズだという。人は、しばしばつながりのないコミュニティの中で孤立しているが、そのコミュニティがそれぞれの小さなアクションをきっかけにつながりはじめ、みんながその可能性を信じれば、人々は自分の周りの世界で善良で親切で愛情のあることをし始める、という信念がＩＥＴにはあるのである。

## 働かざるもの食うべからず「ではない」

ＧＳＰ／ＢＳＰの文脈からは外れるが、ＩＥＴの取り組みからは「支援とは何か」を考えるうえでの、とても大切なヒントを得ることができるためここで章を割いて紹介をしたい。

ここで考えたいのは「働かざるもの食うべからず」とは社会のあるべき姿なのだろうか、というテーマである。この慣用句は確かに、病気や障がいなどでそもそも働くことが難しい方々を非難する目的ではなく、本当は働けるのに怠惰であることで働かないものを戒める意図がこめられている。しかし、その「本当は働けるのに」という部分が、人によって解釈が様々なのが厄介だ。例えば、体力もあり、受け答えも問題なくできるが、物覚えが悪いためにミスを連発し、嫌になって仕事を辞めてしまうことを繰り返している20代女性は「本当は働けるのに」となるか。また他にも、あまりに口が悪くケンカ早いため、勤務する先々でトラブルを起こしてクビになっている30代男性ではどうか。

就労支援プログラムは、失業や貧困に悩む方々にとって大きな助けになる場合が多い。しかし、その成果を「生活保護など公的扶助から抜け、経済的自立を得ること」で評価してしまうと、その裏側で多くの「就労支援プログラムに乗せたけど、経済的に自立できなかった人」が発生する。その場合に、「僕らが用意した正常な社会復帰ルート」に乗れなかったからといって、彼ら彼女らを社会の周縁に追いやることは「やむを得ない」のだろうか。その発想の根源には、社会的弱者が弱者のままとなってしまうのは、「いろいろと支援をしてあげても、社会に適合しようとしないからだ」という自己責任論に帰す考えが、多くの人の心中にあるからではないか。

僕らは人を見るときに「何かを生み出すことができる」ことを、無意識のうちに評価の最前線に置いてしまっている。このあと4章では、病気や障がいを持っていたとしても、アート活動や労働などで成果を出していっている人たちを取り上げていくが、そのように社会に対して何か価値あるものを提供できるから、その方たちの存在意義があると見なされるのか？　そもそも、その評価を規定している「社会」

とは、誰が作り出したのか。「弱者」もまた、作り出された存在ではないのか。

一人一人の存在はそのままに、全てが包摂されることこそが、本当の支援である。ケンカ早くて就労できない30代男性も、普段の日常の中でときどき銭湯へ行き、公園のベンチで寝転がり、道端になっているリンゴを食べながら生きているとしても、それはそれとして社会から承認され、彼にとっての居場所が得られるということ。「そのリンゴはあなたが育てたものじゃない」とか「食べたいなら少しは手伝ったらどうでしょう」とか言われることも無く。そういった社会を、僕らは築いていくことができるのだろうか。

「望まない孤立」に苦しむ個人のみならず、環境を含めて地域全体に関わっていこうとするGSP／BSPは社会的処方の進化した形ではある。しかしその本質はあくまでも、3つの理念「人間中心性・エンパワメント・共創」に基づいている。その地域に住まう方々一人一人が、自分たちのやりたいことや面白がれることを持ち寄って、自然という大きな枠組みとつながっていく中で、人と自然との新しい関係性を生み出していく。まだ、日本においてはこういった枠組みでの取り組みは発展途上ではあるものの、社会的処方の発展と共にGSP／BSPの事例が増えていくことを期待している。

## 参考文献


1）内閣官房「孤独・孤立の実態把握に関する全国調査」（令和４年実施） https://www.cas.go.jp/jp/seisaku/kodoku_koritsu_taisaku/zittai_tyosa/r4_zenkoku_tyosa/index.html（最終閲覧日２０２３年９月15日）

2）Manuela Barreto, et al. "Loneliness around the world: Age, gender, and cultural differences in loneliness". *Personality and Individual Differences*. 2021;169（1）, 110066.

3）Maria Elizabeth Loades, et al. Rapid Systematic Review: The Impact of Social Isolation and Loneliness on the Mental Health of Children and Adolescents in the Context of COVID-19. *J Am Acad Child Adolesc Psychiatry*. 2020;59:1218-1239.e3.

4）Kasperskyレポート https://www.kaspersky.co.jp/about/press-releases/2020_vir20082020（最終閲覧日２０２３年９月15日）

5）坂田彩衣「新型コロナウイルス流行に係る生活の変化と孤独に関する調査報告」 https://www.nri.com/jp/knowledge/report/lst/2021/cc/0712_1（最終閲覧日２０２３年９月15日）

6）Eiji Yoshioka, et al."Impact of the COVID-19 pandemic on suicide rates in Japan through December 2021: An interrupted time series analysis", *Lancet Reg Health West Pac*. 2022;24:100480.

7）Masahide Koda, et al. "Reasons for Suicide During the COVID-19 Pandemic in Japan". *JAMA Netw Open*. 2022;5（1）:e2145870.

8）Michihito Ando, et al. "The association of COVID-19 employment shocks with suicide and safety net use: An early-stage investigation". *PLoS One*. 2022;17（3）:e0264829.

9）World Happiness Report 2023. https://worldhappiness.report/ed/2023/（最終閲覧日２０２３年９月29日）

10）内閣府「こども・若者の意識と生活に関する調査」（令和４年度） https://www8.cao.go.jp/youth/kenkyu/ishiki/r04/pdf-index.html（最終閲覧日２０２３年９月16日）

11）Jake M. Robinson, Martin F. Breed. "Green Prescriptions and Their Co-Benefits: Integrative Strategies for Public and Environmental Health". *Challenges*. 10; 2019. ９

12）Bragg, R.; Leck, C. "Good Practice in Social Prescribing for Mental Health: The Role of Nature-Based Interventions"*Natural England Commissioned Reports*; 2017. Available online: http://publications.naturalengland.org.uk/publication/5134438692814848（最終閲覧日２０２３年８月28日）

13）Cox D.T, et al. "Doses of neighborhood nature: The benefits for mental health of living with nature"*BioScience* 2017, 67, 147–155.

14）Peter A Coventry, et al. "Nature-based outdoor activities for mental and physical health: Systematic review and meta-analysis". *SSM Popul Health*. 2021; 16:100934.
15）Nick Caddick, et al. "The effects of surfing and the natural environment on the well-being of combat veterans". *Qual Health Res*. 2015;25:76-86.
16）The Wildlife Trusts."New report proves nature-based health projects save NHS time and money". https://www.wildlifetrusts.org/news/health-projects-save-nhs-time-and-money（最終閲覧日２０２３年８月30日）
17）「湘南を拠点、障がい者サーフィン普及に尽力　内田一音さん」『神奈川新聞』２０１８年８月27日　https://www.kanaloco.jp/sports/entry-35338.html（最終閲覧日２０２３年８月28日）
18）「誰もが担い手なれる」『神奈川新聞』２０１９年８月６日．https://www.kanaloco.jp/news/social/entry-186968.html（最終閲覧日２０２３年８月28日）
19）一般社団法人日本ブルーフラッグ協会Webサイト．https://blueflag-japan.org/blueflag/（最終閲覧日２０２３年８月29日）
20）帝国書院Webサイト．何でも日本一「海水浴場の数２０２１年」．https://www.teikokushoin.co.jp/statistics/no1/detail/306/（最終閲覧日２０２３年８月29日）
21）Sufra: more than a food bank. https //www.london.gov.uk/sufra-more-food-bank（最終閲覧日２０２３年９月23日）
22）Sufra NW London Web site. https://www.sufra-nwlondon.org.uk/（最終閲覧日２０２３年９月23日）
23）岸上祐子「イギリスの小さな町の大胆な改革」『水資源・環境研究』２０１４；27（２），pp.57-60.
24）松田東子「道端に野菜?:街中どこでも食べられるエディブルな街トッドモーデン」https://www.realpublicestate.jp/post/london7/（最終閲覧日２０２３年９月23日）
25）「食べられる町があるって本当?　イギリス・トッドモーデンの取り組み」https://coala.co.jp/2019/06/24/20190604/（最終閲覧日２０２３年９月23日）
26）Incredible Edible Todmorden Web site. https://www.incredible-edible-todmorden.co.uk/（最終閲覧日２０２３年９月23日）
27）Incredible Edible Network Web site. https://www.incredibleedible.org.uk/（最終閲覧日２０２３年９月23日）

CHAPTER

# 3

# 社会的処方と世界・日本の動き

社会的孤立が、喫煙や飲酒、肥満などと同等もしくはそれ以上に寿命に影響するという報告[1]が出て以降、コロナ禍による世界的な分断と孤立の進行に対する焦りも受けて、この10年で世界中で社会的処方に対する関心が高まっている。

2020年には世界で最も権威のある医学雑誌のひとつである『New England Journal of Medicine』に、「これは、文化を変えるチャレンジである」として社会的処方が紹介された。[2] この記事の中では、「社会的処方とは、健康を医療化し、医療を専門化する傾向に挑戦するものである。そしてまた、エンパワメントされた患者が自分自身の健康に『投資する』ことを通じて、『薬だけが問題を解決してくれる』という期待から患者（そして医師）を脱却させてくれるチャレンジである」と記載されている。

しかし一方で、社会的処方の効果に関する研究はまだまだ不十分だ。複数の論文を解析した報告によると、社会的処方の効果として、メンタルヘルスの改善、内服薬の減少、外来や入院、救急の受診の減少、社会的孤立の改善、などについて良好な効果があることの報告は存在しているものの、「いずれの研究においても、研究の規模が小さかったり、評価するには時期尚早な結果を掲載していたり、他の社会的要因といった交絡因子の調整が十分行われていない、など研究の質に問題がある。また、良好な効果と相反する結果を報告している論文も複数ある」といったことから、社会的処方の効果について科学的な検証が十分に行われた、とは言い難いのが現状である。[3-5]

一方で、社会的処方の実践についてはその発祥の地であるイギリスだけではなく、全世界に広がっている。2022年の時点で、全世界17か国（オーストラリア、カナダ、中国、デンマーク、フィンランド、ドイツ、アイルランド、日本、オランダ、ニュージーランド、ポルトガル、シンガポール、韓国、スペイン、スウェーデン、イギリス、アメリカ）にて社会的処方の取り組みが存在すると報告された。[6] さらにそれ以来、社会的処方はその範囲をオーストリア、ボスニア・ヘルツェゴビナ、ブラジル、チェコ共和国、エクアドル、台湾などにも広げ、その取り組みは20か国以上に拡大している。[7]

また、２０１５年にSocial Prescribing Network ２０１９年にNational Academy for Social Prescribing（ＮＡＳＰ）、そしてＷＨＯと連携したGlobal Social Prescribing Alliance（ＧＳＰＡ）が２０２１年に設立され、２０１６年からはSocial Prescribing Network Conference（社会的処方やリンクワーカーに関する国際会議）が開催されるなど、世界規模での社会的処方ネットワークが広がってきている。さらに、２０１９年からは毎年3月にSocial Prescribing Day/Weekが設定され、社会的処方の啓発を行うキャンペーンが展開されている。社会的処方の活動は学生にも広がり、２０１７年にイギリスで活動する学生グループの立ち上げから、最近ではオーストラリア、カナダ、日本、ポルトガル、シンガポール、アメリカにも広がっている。特にアメリカでは、ハーバード大学の学生たちが２０２２年に活動をスタートし、12名のメンバーが社会的処方に関するパイロットプロジェクトの設計、活動家や政策立案者への助言などに取り組んでいることがニュースとして取り上げられたりもしている。[8]

では、こういった状況の中で日本は世界から何を学び、実践をしていくべきか。多くの事例がある中で、イギリス・フルームを紹介したい。ここは「町に住む誰もがリンクワーカーになれる」ための実践を長年続けてきており、日本が学ぶべき点が多くあるためだ。フルームでの取り組み、そして世界のネットワークについて、実際に現地に留学してきた岩瀬翔医師からレポートしていただこう。



## イギリス・フルーム　誰もがリンクワーカーになれる町

フルーム(Frome)という町の名を聞いたことがある方は、どれほどいるだろうか。しかも、この町が日本の目指す社会的処方文化の力強いモデルになっている事を知る人は、ほとんどいないだろう。

私自身、留学の縁があって訪れるまで、この町の名前すら知らなかった。しかし、この町で学んでから4年、日本に帰って様々なまちづくり活動に参加する中でも、目指すべき社会的処方のモデルとして私の頭の中からフルームは片時も離れなかった。その理由は、フルームが「社会的処方が文化になった町」であるからに他ならない。さらにいうと、「町に住む誰もがリンクワーカーになれる」という環境が育っているからだ。

フルームの社会的処方の文化について説明する前に、まずは日本人に馴染みの薄いこの町について紹介したい。

フルームはイングランド西部のサマセット州に属しており、人口は２０２１年国勢調査で２万８５５９人だ。7世紀頃から町の歴史が始まり、緩やかな丘陵地帯の中で川に沿って町が発展した。中世は羊毛・布産業で、その後は金属加工と印刷業で栄え、18世紀には近隣都市のバース（Bath）よりも大きいと言われた。当時の建築物が多く残っており、サマセット州内では最多の３５０以上の指定歴史建造物を有している[9]。

私が訪れた際には、町の中心部は歴史を感じるレンガ造りの建物が多く並び、坂道と緑に囲まれた美しい町並みがとても印象的だった。中心部の大きさは「丘２つ分」といった感覚で、丘の間の川沿いに緑道が整備され、中世の趣が残る石畳の小道を通って30分程度でどこへでも歩いていけた。川沿いの“Cheese and Grain”はフルームの歴史と文化を象徴する建築物で、２００年前のチーズ・穀物倉庫を改装したことで命名されたそうだ。内部はとても広く、半分はコミュニティカフェとして社会的処方の活動にも使われ、もう半分はライブハウスとして地元の高齢者向け体操クラブからアーティストのコンサートまで様々な用途で使われている。

小さな町であるが、王侯貴族の支配を受けず職人の街として独立を保ってきた歴史はフルーム市民の誇りの1つだ。

フルームで出会った住民との対話では、

「この町は小さいけれど、月に1回のマーケットはとても盛り上がるよ（その名も“Frome Independent Market”）。みんな町が大好きで自分達で作ってきたんだ」

**図1**：Cheese and Grain（撮影：岩瀬翔、2019年11月）

という話も上がった。

Frome Independent Marketは直訳すると「フルーム独立市場」と味気なくなってしまうが、その名前にはフルーム市民のプライドが詰まっている。滞在中に訪れたマーケットでは、町中の商店がところ狭しと露店を出し、中心広場では蚤の市も開かれていた。地元の農作物、花、ビンテージアイテムやインテリア雑貨などのお店はもちろん、アーティストやストリートパフォーマーも集う[10]。市内外から多くの人を集めるこのイベント1つとっても、フルーム市民の自治精神と協調性を大切にする文化を感じられるだろう。

## Make a Spark　まずは何か動き出そう

このような住民の自治精神に支えられ、お互いに支え合って暮らすフルームの歴史的土壌の上では、社会的処方の考え方も育ちやすかっただろう。それでも、この町で育まれてきた社会的処方文化のアイデアは、「決して難しいことじゃないわ」というのが、この町で社会的処方を始めたリーダーの1人であるジェニー（Jenny Hartnoll）の意見だ。

「同じような資源はあなた達の地域の中にも既にあります。ビジョンとエネルギーを伝え繋げていくことが大切なのです」

「スパーク（火花）を起こす人達を見つけましょう。あなた自身、医師、学校教師、小学6年生、誰でも成り得ます。その人の行動と想いを繋ぎ合わせ、ネットワークを作るのです。繋がりを築く時に1番大切なものは信頼であり、自分自身・仕事仲間・地域のどの場面でも健全な関係づくりに役立ちます」

ジェニーの職業はフルームの病院内ではヘルスコネクター（Health Connector）と呼ばれ、いわゆるリンクワーカーに当たる。彼女はフルーム近郊で地域開発事業に携わっていたが、フルームの家庭医が地元紙に出した広告に応募し、この地域で最初のリンクワーカーとなった。

その呼びかけた家庭医は、フルームの病院に長年勤める家庭医のヘレン（Dr. Helen Kingston）だった。彼女は診療を通して病気の背景にある社会環境に想いを寄せ、地域のサポートグループの情報を集めて患者に伝えていたが、限られた診療時間では患者の住民としてのニーズを十分に聞き出せず、限界を感じていた。そんな中で2人が出会ったのだ。

当時、リンクワーカーや社会的処方は国民保険サービス（NHS）の対象外。フルームの中でもそれらの言葉はほとんど誰も知らなかった。ある意味、現在の日本と似ているかもしれない。その中でいかにコストを掛けずに社会的処方を提供できるか、2人は病院と町の中とで試行錯誤を重ねていった。

まずは病院内。最初に、医師たちが限られた診察時間内で地域の情報をすぐに患者に提供できるように、地域内のコミュニティ情報を一覧できるwebサイトにまとめ、電子カルテから参照できるようにした。さらに、診察時間内で地域の情報を渡すだけでは解決できなさそうな問題を抱えた患者は、病院内のヘルスコネクターへ紹介される仕組みを整えた。ヘルスコネクターは家庭医よりも長くじっくりと患者の話を傾聴して、生活背景にある様々な悩みに寄り添っていく。そして、悩みの解決につながるコミュニティを共に考え、参加に同行しながら本人に合ったコミュニティを手探りで探していったのだ。

また町の中では、住民のニーズに応じて新たなコミュニティをヘルスコネクターが生み出していった。先述した地域内コミュニティの情報一覧サイトに新しいグループを追加するたび、ラジオや新聞を通してメンバーの加入を呼びかけたのだ。地域内で日々変化するコミュニティの情報は更新が早く、ジェニー達ヘルスコネクターはヘレンの信頼を得て独自にサイトを運営してスムーズに情報を届けていった。

## 「人間の道しるべ」作戦 おせっかい住民をエンパワメントする

フルームで行ってきた、ヘルスコネクターの面談とコミュニティ処方の流れは、イギリスの社会的処方制度のモデルのひとつとして採用され広がっていった。ニーズに応じてコミュニティを生み出す活動も、現在では他の地域でも行われている。

しかし、彼女達のフルームでの挑戦はここでは終わらなかった。活動を続ける中で、社会的処方が本当に必要だが医療機関にも繋がっていない人達の存在に気がついたのだ。

「本当にうつ病の症状が重い人や孤立してしまった人は、町中のポスターを見ることもインターネットへのアクセスもできず、情報を受け取ることができません。」

ジェニー達が目指した人達には、病院から呼びかけるだけでは声が届かない。では、どのように彼らと出会い、支援に繋げることができるのか。彼女たちは、様々なアプローチ方法を「サインポスト（Signpost／道しるべ）」と呼びながら展開していった。先述した地域内コミュニティの情報一覧サイトを皮切りに、電話相談、さらには患者会や雑談カフェ（talking cafe）など、「物理的な居場所づくり」に町の中で取り組んだのだ。

それでも、ヘルスコネクターが声をかけられる住民の数には限度がある。そこで彼女達が注目したのが、支援の対象として見ていた住民そのものだった。住民の中には支援が必要としている人だけでなく、支援を届けたい、何か役に立ちたいという人も少なからずいる。そん

Website directory

Phone

Physical place

**図 2：**フルームでのサインポスト活動
（画像提供：Jenny Hartnoll. Illustrations by Hannah Carding）

な住民の潜在能力に注目したのだ。

「私達は『沢山の人達に届く沢山の方法を（Many ways to many）』を合言葉に多様なサインポストを考えてきました。その中でもヒューマンサインポスト（human signposting／人間の道しるべ）はとても大きな可能性を持っています」

「美容師、駅員、お土産店の店員など誰でもなることができます。簡単なトレーニングを経て、彼らは家族や近隣の住民に声をかけます。何気ない会話の中で相手がポロリとこぼした生活の不安を感じたら、『よかったら今のあなたに合いそうだから紹介するね』と私達の部署の電話番号を伝えるのです。彼らが1人あたり20人の住民に声をかけたら、フルームの市民全員をカバーすることができます」

病院内のヘルスコネクターに対して、地域の中で活躍する彼らは「コミュニティコネクター（Community Connector）」と呼ばれる。２０２３年にその登録者数は１９００人を超えたため、仮に彼らが20人に声をかければ3万8千人につながりを届けることができ、それはフルームの人口約2万9千人を余裕で上回るまでになった（**図3**）。

では、どのようにしてそんなに大勢のコミュニティコネクターがフルームでは育っていったのだろうか。フルームではもともと、自治精神と協調性が住民の文化として育っていることは先述した通りだ。私も留学中はスーパーマーケットで1日に2回会った住民に、「昼にも会ったよね。今日はどんな日だった？」と声をかけてもらうなど、心地よい距離感で見知らぬ人とも話せる住民が多いと感じる場面が多くあった。それでも彼らも奥ゆかしいイギリス人。会話が好きでも、世間話から生活の不安まで聞き出

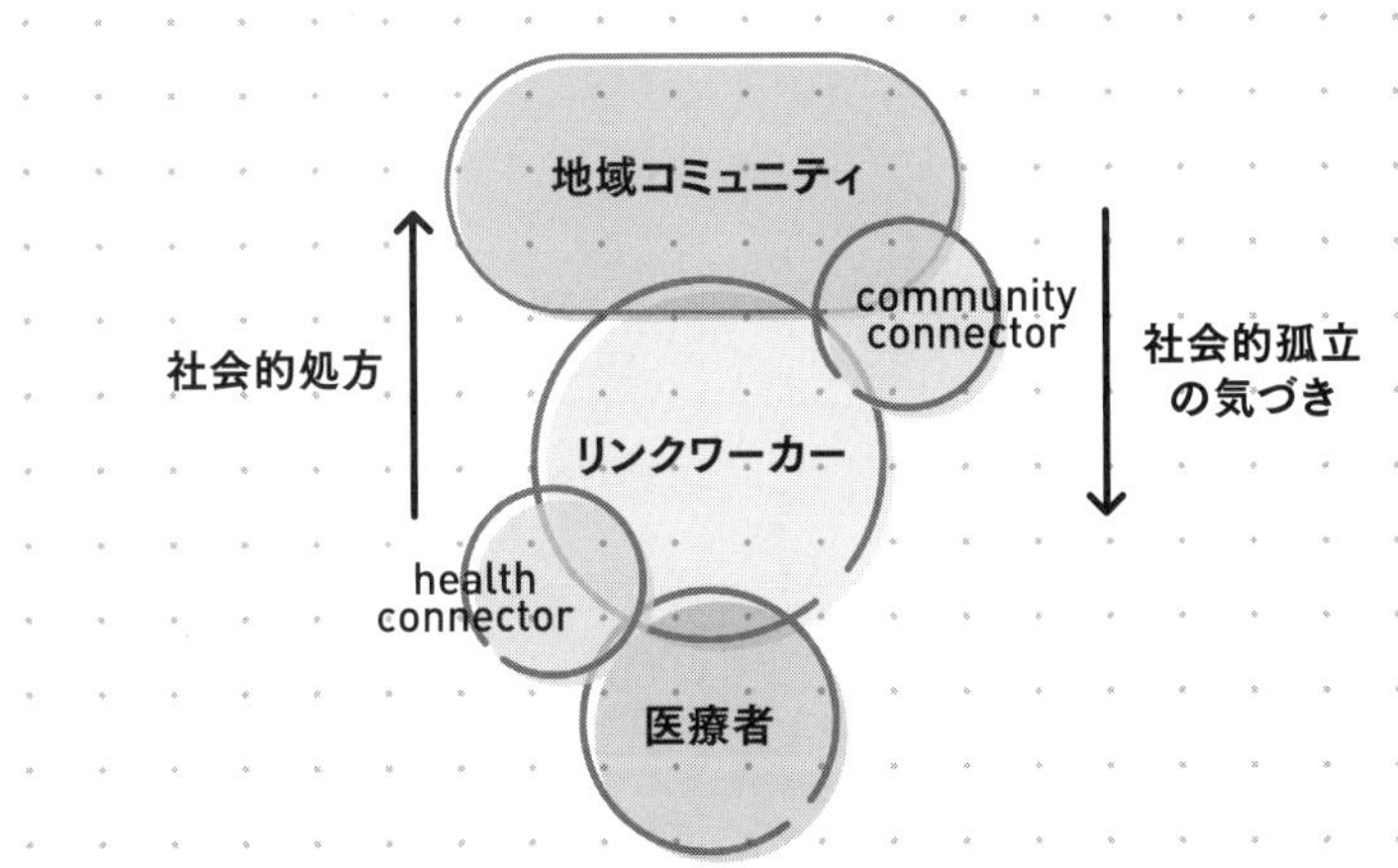


**図3**：地域への社会的処方の流れだけでなく、処方先である地域内部からも孤立の拾い上げという流れが生まれた（岩瀬翔作成）

して良いか、ましてや自分が解決策を提案して良いかどうかは尻込みしてしまう。この点は日本人の性格にも似ているだろう。

そこで、ジェニー達ヘルスコネクターが、「あなた達をコミュニティコネクターとして認めます。どうぞ周囲の人達に気軽に声をかけて、少しでも気になれば私達に繋いでください」と呼びかけたのだ。このメッセージは多くの住民の潜在的なおせっかい精神に刺さった。病院という公的機関が住民のおせっかいにお墨付きを与えたことで、彼らは「私の想いは間違っていない」と自信を持って行動することができるようになったのだ。このコンセプトはつまり、「おせっかいのエンパワメント」と言える。

コミュニティコネクターの強みは、その活動がとてもシンプルで、誰もがなれるようにハードルが低く設定されている点にもある。

まず、コミュニティコネクターになるためのトレーニング期間はたったの「15分」だ。私も留学中にトレーニングを受けたが、15分といえども内容はとてもわかりやすかった。まず、トレーナーであるヘルスコネクターが、フルームの社会的処方について簡単に説明した後、1つのケースを例に、その住民に声をかけ生活について話す際にどのような点について悩みがあるかを考えるワークショップを行う。さらに、住民には様々な悩みの要素、例えば家族、仕事、住居、貧困、孤立、宗教、病気、精神状態などがあることを学ぶ。しかしどれも深く聞き出す必要はないし、解決策を提案する必要もない。少しでも気になる点があれば、ヘルスコネクターへの連絡先カードを渡すことが最優先。それが自ら「サインポスト（道しるべ）」となる活動なのである。私達は誰かの悩みを聞いた時、解決策を考えてしまいがちだ。しかし本人が生活の中で悩み続けた問題は数分の立ち話

**図4**：コミュニティコネクター養成講座の受講風景。生活視点の多様性について熱弁するヘルスコネクター（撮影：岩瀬翔、2019年11月）

ではそう簡単に解決はできない。だからといって困っている人を放置して良いのか？　そんな時には、解決してくれそうな人に繋ぐこと自体が大切だということを学ぶのである。

つまり、

**①最短15分でなれること**
**②町の中で気軽に声をかけ、生活について会話を広げること**
**③解決策を示すのではなくヘルスコネクターに繋げること**

これらがコミュニティコネクターの特徴であり、住民の５％以上までコミュニティコネクターが増えた最大の理由でもある。

## コロナ禍を経て本質を掴んだ市民リンクワーカー達

コミュニティコネクターは研修や活動のハードルの低さが強みではあるが、住民のおせっかい精神や興味関心に応じて、多様なステップアップの機会が増えてきた。新型コロナウイルス感染症のパンデミックを経て、孤独・孤立の問題が更に注目されたことで、医療以外の多くの業種が社会的処方に取り組むようになった。では、いくつかその具体例を見てみよう。

## ヘリテージコネクター　―　Heritage Connector

直訳すると「遺産を繋ぐ人」である。日本でもアートを通した社会的処方は徐々に知名度が上がっているが、ここでは歴史的な遺産を介して対話と相互理解を深めている。フルームは中世からの町並みが残り、歴史的建造物の数は周辺地域の中でも随一を誇る。そんな町の中の遺産を対話の軸としながら、個人の生い立ちや価値観について理解を深めていくのだ。

英国文化省の外郭団体であるイングランド歴史的建造物・記念物委員会（Historic England）と国立社会的処方協会（National Academy for Social Prescribing／以下NASP）が連携し専門部会を立ち上げて効果検証を進めており[11]、フルームはモデル地区として採用され育成プログラムを実践している。

## グリーンコミュニティコネクター　―　Green Community Connector

英国全体で広まりつつあるGreen Social Prescribingをフルームで実践する人々だ。ここでの「グリーン」とは単なる「自然」を意味するだけではない。近年注目される環境問題を対話の軸とし、自分たちの生活の二酸化炭素排出量や環境汚染を考えながら対話を深めていく（詳しくは第2章を参照）。この活動は英国国立宝くじ基金（National Lottery Community Fund）が出資しており、1時間の育成プログラムの後にメーリングリストで定期的に情報を得ることができる[12]。

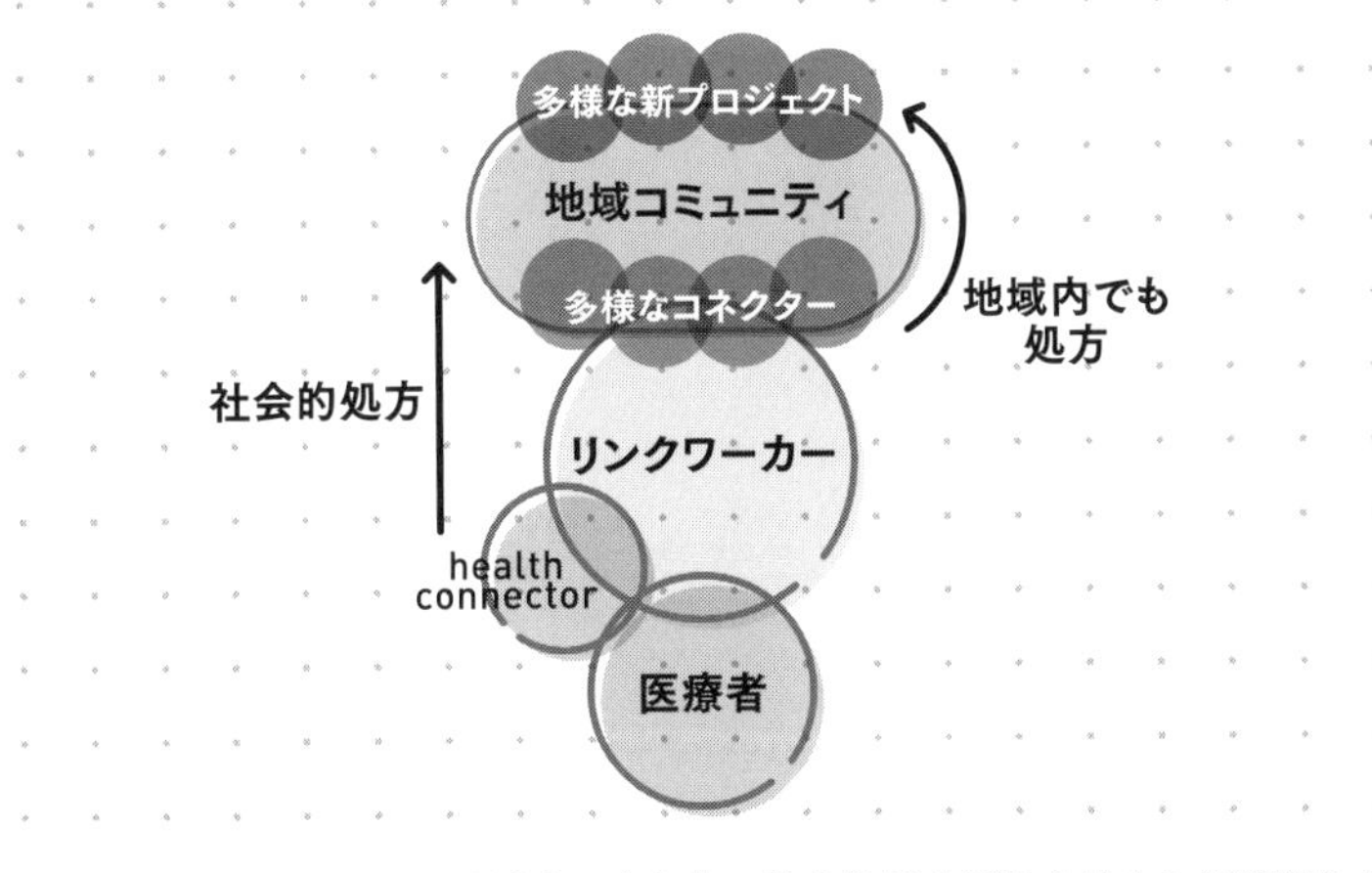


**図5**：市民リンクワーカーが地域内で自主的に社会的処方活動を始めた（岩瀬翔作成）

これら以外にもデジタルコネクター（Digital Connector）など、興味深い多様な市民リンクワーカーが生まれていっている。おせっかい精神の強いコミュニティコネクター達は、元来の「ヘルスコネクターに繋ぐ」という役割を超えて、「このテーマなら私もできそう」という分野に応じて自ら地域内で社会的処方を実践し始めているのである（**図5**）。

彼らはヘルスコネクター達から認定証を受け取るが、遺産や環境問題の専門家ではないし普段から仕事として他の住民にこれらの話題を問いかけている訳ではない。仕事や生活で出会った人々との何気ない会話の中で、自分の得意分野の話題になった時にしめしめと思いながら価値観や生い立ちの理解を深めていくのだ。

ジェニーの言葉にはリンクワーカーの役割の本質が込められている。

「社会的処方とは外部のコミュニティに繋げることではありません。自分自身に意識を繋げることなのです。心に耳を傾け『2年後に私はどうなっていたい？』『私は何者なのだろう？』などと問いかけます。日常生活では中々作れない自分自身を大切にする時間を作りだし、価値観に気づきます。社会資源の本質は私達の内部にあるのです。」

コミュニティや支援に繋げることが社会的処方のゴールではない。コミュニティや遺産、アート、環境問題など様々な話題を入り口にして、リンクワーカーと対話を深め、自分自身を大切にする一連のプロセスにこそ真の健康とウェルビーングが存在するのだ。フルームには、そんな社会的処方の本質を掴んだ市民リンクワーカーが溢れている。

## 世界の社会的処方の現在地　言葉が全てではない

フルームの生み出した住民参加型の社会的処方モデルは世界中から注目を集め、多くの人々が視察に訪れている。例えば、先述したグリーンコミュニティコネクターの育成プログラムはカナダでも応用実践されているそうだ。

私自身、留学で得た学びを勤務先である渋谷区・恵比寿や伊豆諸島・式根島などで実践してきたが、留学後もジェニーやヘレンと定期的に連絡を取る中で、世界中の社会的処方実践者のネットワークを紹介してもらう機会を得た。

例えば、国際社会的処方連盟（Global Social Prescribing Alliance／以下GSPA）はシンガポールやオランダなど24ヶ国の実践者ネットワークを基盤として知識の蓄積と開発を目的として立ち上がった組織だ。社会的処方に関する勉強会の開催や報告書作成に取り組んでおり、先述したNASPやWHOと共に2023年に発表された『世界の社会的処方』（Social Prescribing Around the World）は私も取材に協力し日本の「社会的処方研究所」なども取り組みとして紹介されている。[13] この他にも、NASPが社会的処方の旗手として毎年3月上旬に社会的処方記念日（Social Prescribing Day）やその日程に合わせた国際社会的処方会議（International Social Prescribing Conference）を開催しており、世界的な盛り上がりに合わせて認識の統一や好事例の共有を目指している。国際会議では、革新的な取り組みを表彰するアワードも用意されており、世界中のユニークな取り組みがノミネートされている。

世界中の取り組みを見てみると、日本のように各地の局所的な好事例を紹介する国や、制度として取り入れようとしている国など様々な角度での挑戦が見られとても面白い。各国が文化と医療制度の文脈の中で試行錯誤を重ねながら、社会的処方を新時代のケアモデルとして導入しようとしている。

最後に、ジェニーからひとつ「警告」があった。

「社会的処方を地域で実践する時に、『社会的処方』という言葉を多用することは決して正しいことではありません。適切な相手と時期を選ぶ必要があります。英国でも、医療的な処方のイメージと結びついて『地域の繋がりや自然を医療化するな』と勘違いをして反対する人がいます。医療化（medicalize）するのではなく、『健康とウェルビーングのために非医療的な要素が重要である』ことに気づく（recognize）ために社会的処方という言葉があるのです」

ジェニー達、そしてGSPAやNASPなどの組織もイギリスの社会的処方制度そのものを広めたい訳ではない。あくまでも「非医療的な資源を利用し、健康とウェルビーングを個人の内面から生み出す」という目標に共感し、自分達の地域で実践する人達を応援する共通言語として「社会的処方」という言葉が存在する、と考えている。日本でもまた、社会的処方という言葉は発展途上であり勘違いも多いが、悲しむべき状況ではない。まちづくりの文脈などで社会的処方となりうる活動は既に全国各地で無数に生まれている。信頼を通して地域の活動を繋ぎ合わせ、健康とウェルビーングを個人の内面から生み出すというビジョンを示しながら挑戦を続けていくことが、日本と社会的処方の未来のあり方だと信じている。

この本を読み終えた時、あなた自身もリンクワーカーになれるのだ。

## 日本における「モデル事業」名張と養父

イギリスにおいて社会的処方のモデルとなったフルームの取り組みであるが、日本においても社会的処方のモデル事業が展開されている。

まずは、日本における社会的処方の政策的な動きを見ていこう。

日本においては2020年に政府の経済対策の基本方針である「骨太の方針」の中で、「孤立・孤独対策」の手段のひとつとして社会的処方が明記された。また2021年には内閣府に孤独・孤立対策担当室が設置され、担当大臣も置かれることとなった。その後、2023年の「骨太の方針」まで、社会的処方は毎年文言として記されることとなり、報道などでも取り上げられる機会が増えてきている。

この2020年からの政府方針を受けて、厚生労働省が中心となって社会的処方のモデル事業（保険者とかかりつけ医等の協働による加入者の予防健康づくり事業）を実施し、各年3~7つの自治体での取り組みが採択された。ここでは、その中から三重県・名張市、兵庫県・養父市の取り組みを、それぞれstudio-Lとして名張の取り組みに協力した西上ありささん、兵庫県豊岡市から養父市に協力した守本陽一医師からご報告いただく。また守本医師の項では、豊岡市で取り組まれている私設図書館「だいかい文庫」とその社会的処方的な意義についても報告いただこう。

# 厚労省モデル事業：名張市／ステイホームダイアリーと社会的処方の展開

## 1 ― 名張市で展開してきた社会的処方のモデル事業の経緯

### 1-1 名張市の紹介

名張市は人口約7万5000人で三重県の西部に位置し、近鉄線に乗れば最短55分で大阪難波駅に到着する（2023年現在）。近鉄大阪線の開通と共に1970年代からベッドタウンとして大規模な住宅開発がされ、団塊の世代にあたる転入者が急増し、2000年には人口8万5千人となったのをピークとして、人口は減少に転じた。

名張市は、2005年に第1次地域福祉計画を市民と共に策定し、市民と共につくる地域福祉を重点政策としてきた。50数回にわたる市民参加のワークショップや意見交換の場を経て、「人間尊重を原点に、自立と支えあいでつくる福祉の理想郷」を基本理念として掲げている。名張式の福祉には、大きな特徴が2つある。1つは、身近なご近所さんが集うための地域の拠点をつくった点だ。拠点づくりにおいては、拠点から高齢者サロンなど市民主体の活動がうまれている。2つ目は、どの地区にも設置されているまちの保健室。まちの保健室は看護師や社会福祉士など福祉の専門資格を持った職員を配置し、相談と参加の窓口として、人をつなぎ地域の力に変えていくための結節点となっている。

2005年から18年が経過した今も身近な地域の拠点やまちの保健室は、地域福祉にとってなくてはならない資源となっている。前述の計画が策定された2005年の高齢者数を基準としたときの増加率の推移を示したグラフがある。2020年時点では、65歳以上は68%増加し、75歳以上は77%増加し、85歳以上は120%の増加となっている。また100歳以上は多くないものの2005年(12人)に比べ2020年は(38人)3・2倍となっている。急増する高齢者数や孤立孤独、災害などの課題も山積みとなっており、多様な市民の参加・参画が不可欠となっている。また行政も担当課や組織を超えて連携し、一丸となって取り組まなければならない時代となってきた。本稿では、①名張市が取り組む社会的処方のモデル事業の経緯を紹介し、②リンクワーカー養成研修のプログラムとその成果から、③今後の展望を紹介したい。

## 1-2　段階的に取り組む社会的処方

2020~2021年にかけて名張市が事務局となって、三重県内の社会的処方普及プログラムとしてリンクワーカー研修を実施してきた。慶應義塾大学大学院の堀田聰子氏らの専門家を招き、「医療だけで健康はつくれるのか?」という問いからはじめ、社会的処方の必要性等を学ぶ座学や複合的な課題をどう解決するのかなど、体験的な研修を実施してきた。同時に2021年9月からは、「支援する側・される側という関係を超えて共に支えあうこと」を市民参加で実践するため、ステイホームダイアリー

（以下、ダイアリー）の導入を開始した。ダイアリーは、3年計画で導入しており、1年目（2021年）は、市民のための社会参加のすそ野を広げ、ダイアリーを通じて市民も行政職員も仲間を増やすことを目的とした。2年目（2022年）は、ダイアリーを継続し、ダイアリーから地域の資源や経験を抽出し、アーカイブすることを目的とした。3年目（2023年）は、ダイアリーの運営と資源等の抽出がしやすいようにガイドラインを作成し、社会的処方の実践からモデルケースをつくり、連絡調整しやすい環境の構築を目的としている。

## 2 — 特にステイホームダイアリーとリンクワーカー養成研修の取り組み紹介と成果

### 2-1 ステイホームダイアリーとは

ダイアリーとは、初対面の3人が1組となって、1か月かけて日記を回すもの。日記はだれでも参加でき、本名や住所を明かさなくてもよい。ルーズリーフ式のシートで見開き2ページ程度に季節に合わせた問いかけがあり、問いにそって文字を書き込んでいく。例えば9月は味覚の秋であるため「食べる」がテーマとなっており、

Q1 定番の手土産はありますか？
Q2 行きつけの飲食店やお菓子屋さんはありますか？
Q3 一度でいいから食べてみたいものはありますか？

**図7**：グループごとにカスタマイズできる表紙

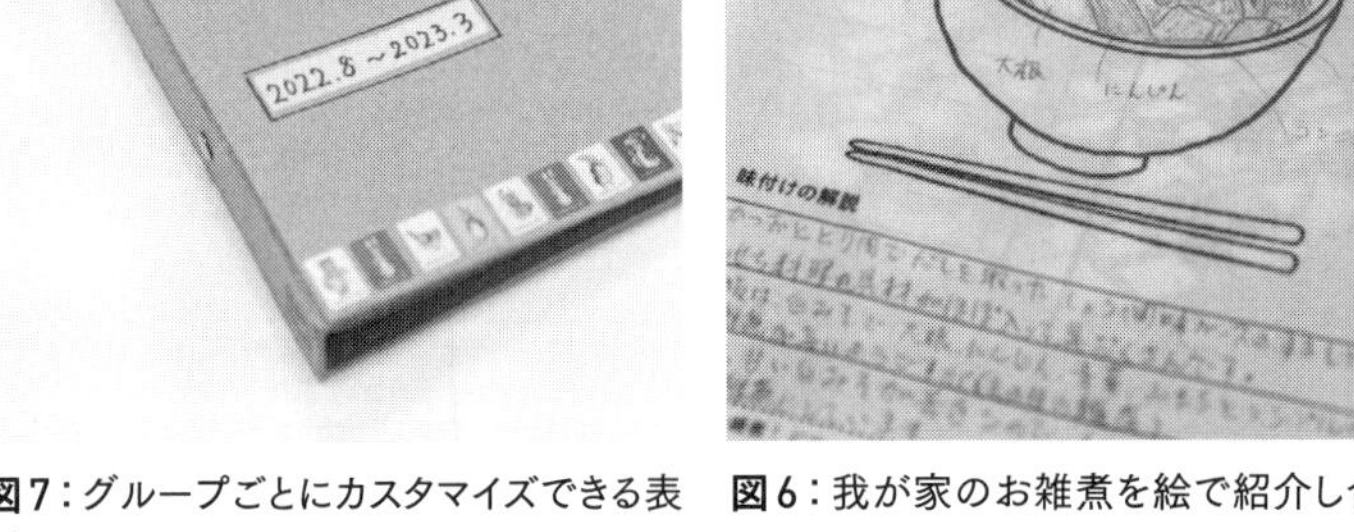

**図6**：我が家のお雑煮を絵で紹介し合う

Q4 最期の晩餐として、誰と、どこで、どんな会話をしながら、何をたべたいですか？

　といった質問が並ぶ。

　そしてそれらの回答としては、夏バテの差し入れとしてよいものや地域で話題のスイーツが書かれたり、「行きつけの飲食店」の項目には徒歩圏内に行きつけの複数の店があることが孤独死防止につながる、といった内容が並ぶ。また、食べたかったものを思い出し旅行の目標を立てることや、最期の晩餐についても、食べたいものを自ら調達することができない可能性を考慮し、どんな季節でもどんな場所でも手に入るものを挙げるなど、どの回答も工夫や知恵の宝庫だ。**（図6、7）**

　そして、書き終わった日記は、まちの保健室か市役所に持参する。外出や移動が困難な参加者の場合には郵送で対応することもある。

　ダイアリーの実施期間は、6～8か月程度であるが、その実施期間中に、全参加者が一堂に会して顔を合わせる機会が3回ある。初回となる1回目は対面でどんな仲間と日記を交換するのか、互いに自己紹介するための場。2回目はダイアリーが数か月実施されたあとに日記だけではわからないことを聞きあいほかのグループの様子を知るための場。そして3回目は日記を終了する時期にあわせて感想を共有する最終回がある。**(図8)**

## 2-2 ステイホームダイアリーの特徴と効果(市民)

ダイアリーの特徴は、会議やワークショップとは異なり、まずは自分の物語を書き、その書き手の物語を他の人に読んでもらうことにある。紙にペンで書くため、途中で話をさえぎられることなく、伝えたいことを相手に最後までじっくり読んでもらえる。それに、その物語を受け取った側も、読んだらすぐに返事をする必要もない。届いたら、しばらく手元に置き、1週間程度を目安としてゆっくり返信を書き、まちの保健室等へ持参する。ダイアリーの中でお互いに書きあうコメントは、共感が最も多く、次に感謝や気づきの言葉が多い。誹謗中傷は、書かれたことがない。その理由を複数の参加者にヒアリングすると、「ダイアリーを書く場合は、静かな時間に一人で書くためストレスがない」という意見や「仲間が書いた文章は、直筆であるため、何度も書き直した痕跡や文字そのものから対面で話したときのように伝わってくるものがある」などの意見が寄せられた。**(図9)**

社会的処方の基本理念である「人間中心性」「エンパワメント」「共創」という言葉は、一般的ではない。名張市では、ダイアリーというツールを使って「人間中心性」への理解を深め、「エンパワメント」の力を

**図8**：参加者が一堂に会して顔合わせ。ダイアリーを使って自己紹介する

**図9**：どのページにも気づきや感謝の言葉が並ぶ

実感し、あらたな「共創」を生み出し始めている。ダイアリーはこれらの言葉を使わなくても体験から自然と実感できるようにする役割を担っている。

### 2-3 行政職員と専門職にとってのステイホームダイアリーの特徴と効果

ダイアリーは、地域包括支援センターやまちの保健室をはじめ、担当課ではない行政職員や市立病院や社会福祉協議会等の専門職も市民として参加し、ダイアリーの効果を実感している。多世代の市民と定期的な交流ができることは、行政職員と専門職にとっても大きなメリットがある。

ダイアリーには、「おいしい」「いい気分」「こうありたい」という市民の感性を動かした資源ばかりが掲載されている。時には「悩み」「悲しみ」「もやもや」も掲載されるが、日記仲間や事務局から共感のコメントが寄せられ、まちなかでばったり再会すると「最近どう?」と雑談することによって、少しずつ今よりいい方向に向かっていく。

また、位置情報が記載された資源は、地図上にアーカイブし、ダイアリー参加者のあいだで話題になった事例(育児、不登校、孤立孤独、免許返納、介護、フレイル予防、終活、看取りなど)については、社会的処方につなげていくために必要な要素を整理した事例シートにまとめている。

## 3-1 職業リンクワーカーの研修プログラム

名張市では、モデル事業としての2年間の取り組みを分析し、リンクワーカーを2つのタイプに整理している。それは、ダイアリーに参加することで無意識のうちにリンクワーカーとなっている市民リンクワーカーと、行政職員や専門職としてかかわる職業リンクワーカーである（これは先に紹介のあったイギリス・フルームのヘルスコネクターとコミュニティコネクターの関係に近い面もある。ただし、名張市の市民リンクワーカーとは異なる点も2つある。コミュニティコネクターは住民なら誰もが短時間の講座を受講すればなれる点、主な活動内容は地域内にあるサポートを紹介するという点である。名張の市民リンクワーカーは、段階的な交流によってまず「仲間としてのエンパワメント」があり、「誰かのためにやる活動」ではなく「自分のためにやってる活動」が、結果的に誰かのためになっているという相互性が強い）。市民リンクワーカーは、ダイアリーに楽しく参加してもらうことで資源や事例が集まるため、リンクワーカーとしての研修等は実施しない。一方で社会的処方の中核を担う包括支援センターとまちの保健室等の職業リンクワーカーは、名張市らしい社会的処方の実現のための研修プログラムを作成し、実践から学ぶ内容に取り組んでもらった。

職業リンクワーカーの研修は、①徹底的にダイアリーから学ぶ研修、②リンクワーカーとしての自信をつけ元気に活動するための研修の2種類を主に実施している。研修のための時間を長く確保することが難しいため、「いままでの経験を言語化する」などの事前の宿題を出すなどして、研修時間をなるべく短くする努力をしている。また、ワクワクした気持ちで研修に参加できるように研修ツールを作成し、研修で集まった資源はいつでも見返すことができるようにデジタルとアナログデータとしてそれぞれまとめている。

### ①ダイアリーから学ぶ研修

この研修では、ダイアリーを1冊ずつ読み解き、社会的処方のタネを集めることからはじめた。タネとして集めるのは、「場所」と「活動」の2種類。物理的な場所は、住所や開館時間等の基礎情報だけでなく、どんな環境の場所なのか、そこではどんなことができるのか、どういう人におすすめなのか、その資源を見たり体験した感想、もっと知りたいときの窓口やウェブサイト等。活動については、活動名、活動場所、主な活動内容、主宰者はどんな人なのか、参加者はどんな人なのか、どんなにおすすめなのか、どんな悩みに対応できそうか等である。これらを記載するフォーマットを作成し、研修者にはいくつかの資源を組み合わせたまちあるきを実施し、情報を記入してもらった。また位置情報のある資源はマップ上に整理し、ウェブサイトで公開するようにもした。また、ダイアリーから市民目線や市民感覚を学んだ職員が、まちあるきをして新たな資源を発掘することにも取り組んでいる。不定期開催の活動、善意からの行動等も多く、すべてを公開することはできないため、職員用に印刷した冊子も別に作成している。これらのデータは、毎年実施が終わったダイアリーを活用し、今も情報を更新している。

### ②リンクワーカーの自信をつけ、元気に活動するための研修

長年、福祉のまちづくりに取り組んできた名張市の職員は、自然に人や地域に好奇心を持ち続けると

いうリンクワーカーらしさがもともと備わっていたため、「リンクワーカーらしさ」を育てるような研修はしていない。リンクワーカーのスキルである、きくこと、つなげることなども普段からされていたため、まずは「それらがリンクワーカーのスキルだと再認識すること」が研修の出発点になった。再認識するためには、社会的処方で用いられる言葉を「自分の言葉として理解する」プログラムが有効だ。例えば社会的処方の基本理念の1つである「共創」を、名張市で普段使う言葉で言い換えるなら「つれもっていこーや（本人と一緒に何をするのかを考えよりよくする方法を探すこと）」となる。またイギリスで発行された『Social Prescribing Link Worker Manifesto（２０２１）』の翻訳から感想を話し合うワーク、エンパワメントの提唱者であるパウロ・フレイレから対話を学ぶワークなども実施した。最終的に、再認識されたリンクワーカーとしてのスキルは、「いつも心におもろ！と思う好奇心を持つ」「いつも雑談からはじめる」「寄り添いマイルドにおせっかいする」として3つの「リンクワーカーの心得」としてまとめた。これらの心得に沿って、まちの保健室のロゴ、ウェブサイトも制作されている。そしてそのウェブサイトでは、リンクワーカーへの相談の予約と雑談の予約ができるようになっている。

## 3-2　ダイアリーや研修の成果

ダイアリーと研修の成果は、事業が終了したからすぐに表れるものではなく、時間の経過とともにあれは成果だったのかと思うものが多々ある。そのため２０２２年までに終了した事業の中で成果として言語化し、可視化したものを紹介しておく。

## ①ダイアリーの成果

ダイアリーは、ハードルをできるだけ低くした社会参加のツールであるため、参加によって、血縁、学校、職場ではないゆるやかなつながりをつくり、家族や親友には言いにくいこともダイアリーに書くことができている。これらの複合的な要因によって、こころとからだの健康づくりにつながったと考えている。具体的には、つながりの側面から「信頼、安心できる仲間ができた、多世代交流ができた」「ダイアリーが自分の居場所だと感じた」という意見があった。また社会参加の側面から「つながった仲間とごはんに行った、運動した（ラジオ体操など）」「つながった仲間の活動に参加した（サロン、地域のイベントなど）」の行動も生まれている。さらにこころの健康の側面から「仲間に悩みを聞いてもらえた」「ダイアリーの中にたくさんの笑い（うれしい、たのしい、おもしろい）があった」と書かれている。これらダイアリーがもたらす効果を関連図（**図10**）にまとめた。図の左側は、ダイアリーの参加によって起こった変化を時系列で示している。図の右側は変化に影響を与えた要因を整理している。まとめると、ダイアリーの効果としては、「新たなつながりができ、社会参加を増やすきっかけとなり、こころの健康が維持されたこと」が、成果と言えるだろう。またダイアリーの成果とは言い切れないが、長年就労していなかった参加者の就労が決まったり、選挙に立候補して当選するなど、人生の転機を迎えた人も複数いる。

## ②研修の成果

研修の最大の成果は、人の力と地域の力を高めてきた包括支援センターとまちの保健室の職員が元気

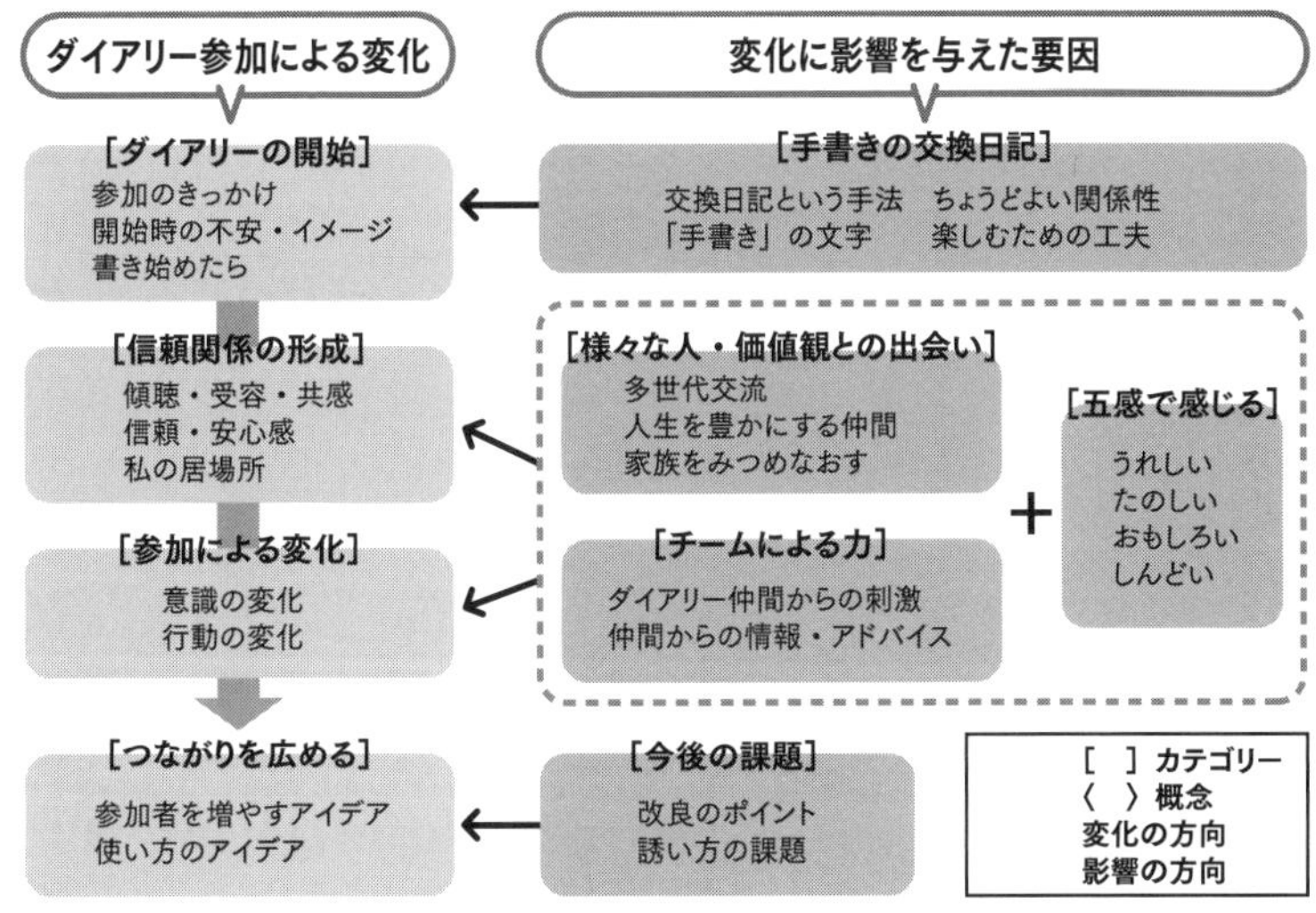


**図10**：ダイアリーがもたらす効果に関する関連図

になったことだ。もともと元気がなかったわけではないが、自信とパワフルさを増したと言ったほうがいい。名張市の高齢者数の推移などから、高齢者をとりまく状況は厳しさを増し、数字では見えてこないひきこもりなどの問題もあり、職員の負担も増していた。そんな中で実施した研修だからこそ、今後の業務に使える資源の地図、資源のリスト、職員の共通認識としての3つの心得ができたことは、大きな成果だ。さらにそこから別の事業を活用して、心得のエッセンスからまちの保健室のロゴを作成し、名刺や名札として日々、使われている。作ったものは、ほかの課からも使いたいという声があるそうだ。

さらに、それだけではなく課を超えた協働事業もスタートした。例えば、危機管理課との協働事業は、内閣府の孤立孤独に関する予算を活用して実施した。地域の状況を模造紙に書き出しながら各家の状況を市民とともに点検し、現在、10年後、20年後、30年後はどうなりそうか、予測も描きこむ。そうすることで現在の孤立孤独を減らし、未来に備えることができる。また日常の点検が、災害時の支えあいにつながっていく。２０２３年度からは、広報シティプロモーション推進室と協働し、市政70周年にあたって名張市民に向けて福祉のまちをプロモーションする事業まで始まることとなった。

## 4 — 名張での活動を通じて、今後の展望

名張市での事業は２０２３年で3年目を迎えた。この経験から実感しているのは「市民は、市民のままで、誰かを元気にすることができる」ということだ。そのため、わざわざ「リンクワーカー養成講座」などと銘打って開催して、勉強する必要はないし、リンクワーカーを増やそうと躍起になる必要もない。必要なのは、主宰者が誰もが加わりたいと思えるような参加の場を開催し活動することだ。参加の場では、日記を交換する活動でもいいし、音楽活動でもいいし、推し活動でもいいが、生活でも仕事でもなく、「活動する」ことが大切だ。生活や仕事は一人でできるが、活動だけは、一人でできない。なぜなら活動は、他者との対話や認め合いによって成り立つからである。

名張市で取り組んできた社会的処方は、中学生から80代までの市民が参加し、市民のありのままの経験を財産として、市民主体で進めてきた。学校に行けない経験や何もすることがないという経験が、対

話と傾聴と共感によって、いつのまにか元気のタネを処方しあって、気が付けば元気になっている。元気のタネとなっているもののほとんどは、定食屋の500円ランチ、ラジオ体操、おいしいパン、昔ながらの小さな商店、グランドゴルフなどの身近なものやサービスだ。この普通の市民感覚が何よりも効く。これからリンクワーカーとして活動をはじめようという方々は、市民の「普通」を軽視せず、市民の経験や思いを大切にしていただきたい。もちろん、無意識の市民リンクワーカーは無償であるため、できないこともある。資源のアーカイブや情報の質を整える作業は、職業リンクワーカーにしかできない。もうひとつは、市民が楽しそうだから参加したいなと思うような、参加の場を企画運営することである。参加の場にあわせたデザインを取り入れ、参加と参画の場を明るく切り盛りする職業リンクワーカーが不可欠である。場のデザインもまた職業リンクワーカーにしかできない。アーカイブや場のデザインのスキルを磨くことが不可欠である。

最後に今後の展望としては、支援の受け手と担い手の垣根を超えて、ともに支え合うために誰もがリンクワーカーであることが理想だ。市民はすでに無意識のリンクワーカーであり、活動の場に参加することでその力を発揮することができる。職業リンクワーカーは、専門職や行政職員であるがゆえに社会的処方に取り組むことに躊躇してしまう。名張市では、2023年度以降も継続して社会的処方を実践していく。市民リンクワーカーと職業リンクワーカーが協力しあい誰もがリンクワーカーとして、社会的処方のモデルケースを複数つくる予定である。具体的には、社会的処方に協力してくれそうな市民や市民活動、専門職や病院等をヒアリングし、実践の協力を得る。また社会的処方を実践する国内外の事例を現地調査し、名張での実践イメージを構築する。実践に向けてのイメージトレーニングのプログラムも準備する予定だ。実践する勇気を後押しするような伴走体制と実践に至るプロセスをまとめ、市民主体の社会的処方を取り入れたい地域や職業リンクワーカーの参考となるような手引きにまとめ公開する予定である。

**参考資料**


・永田 祐『住民と創る地域包括ケアシステム―名張式自治とケアをつなぐ総合相談の展開』ミネルヴァ書房、2013
・名張市（2023）「最近どぉ〜？・まちの保健室」　https://nabari-machiho.com/
・ステイホームダイアリー　https://stayhome-diary.org/






## 厚労省モデル事業：養父市

兵庫県北部、但馬地方に位置する養父市では、2022年度から社会的処方モデル事業に手を挙げた。但馬地方は兵庫県の日本海側であり、過疎化、人口減、高齢化が進行する地域である。但馬地方全体で、東京都と同じ面積に人口が15万人程度しか住んでいない。特に養父市はその中でも20%の面積を占め、人口は15%というさらに田舎である。人口はどんどん減っており、2004年の平成の大合併によって誕生した当初は3万人いた人口が、20年弱で2万1000人まで減っているほどだ。このままではまちの危機だと考えている市長は、国家戦略特区で民間企業が農業に参入できるようにしたり、地域医療に貢献した中堅・若手医師を表彰する「やぶ医者大賞」を創設したりなど、先進的な取り組みを進めてきた。そして、そうした取り組みの一つとして、社会的処方を進めたいと市長が施政方針演説で発表したのが2022年のこと。京都大学大学院医学系研究科教授の近藤尚己先生らにアドバイザーとして参画していただきながら、私もお声かけいただき、保健所の公衆衛生医師の市町村支援という本来業務の形で作戦会議に参加することになった。

まず、社会的処方のモデル事業を進めていくにあたって、コミュニティデザイナーの佐伯亮太さんらに入ってもらうことにした。ワークショップや地域づくりの視点で、医療福祉専門職や行政にはない考え方をする彼らが参画してくれたことが、事業を一歩も二歩も前進させてくれた。そこに、地域と密な関係性を築くベテラン保健師の吉田由佳さん、フレキシブルな担当課長の余根田一明さん、そして私が医師という立場で入り、小回りの効くメンバーでスタートした。

## 様々なセクターがまずつながる

ＷＨＯは今、Health in all policiesの重要性について言及している。これはあらゆる分野の政策立案や決定に際して、健康を考慮するアプローチのことである。例えば、歩きやすくなる都市計画を実現することで運動を日常的にできるようなまちづくりを実施したり、生活の困難な家庭に対して水道料金を安くすることで利用しやすくしたりするような政策である。これは社会的処方に関しても言える。社会的処方の入り口を増やすこと、リンクワーカーの役割を担うプレイヤーを増やすこと、受け皿となるコミュニティを増やすこと。それぞれ、医療福祉セクターだけでは対応しきれない。例えば、死亡診断書を市役所が受理した際に、グリーフケアのグループについて案内することも社会的処方だといえるが、そのためには窓口業務を行う職員に共有しておかなければならない。また、受け皿となる地域コミュニティを増やすことは、市民活動や文化政策を所管する課とも協働しなければならない。さらには、それらを見える化するためには、ＤＸ（デジタルトランスフォーメーション）を推進する課とも連携する必要が出てくるかもしれない。つまり、Social prescribing in all policiesとも言える。私たちは、庁内連携を進めるため、監督職向け、ケースワーカー向け、社会福祉協議会（社協）等の地域資源開発のプレイヤー向けに、社会的処方の話とそのための連携が必要なため、現状の課題を挙げてもらうところからスタートした。これが結果的によかったのではないかと思う。さまざまな立場から社会的処方の意味するところを知ってもらうとともに、現状行っている仕事の延長線上にあることであり、無理やり新しいものが始まるものではないと認識してもらえたように思う。

## 医療を起点とした社会的処方の実践

2023年8月現在、養父市のモデル事業はスタートして1年半に満たない。まだまだ活動は道半ばであるものの、成果は少しずつ現れている。

医師・医療機関を起点に、孤立や孤独を把握し、リンクワーカー役である保健師につなげる社会的処方箋は、既に20件程度実施されている。これは、開業医やへき地診療所、病院などの医師が孤立孤独や貧困等の社会的な課題を発見した際に、市の保健師につなぐことができるシステムである。そして市の保健師は紹介された方の課題をアセスメントした上で、使えるサービスを紹介したり、コミュニティにつないだりする取り組みを行う。

例えば、とある中年男性のAさんは、家族との死別や施設への入所によって独居を強いられていた。孤独感からかご近所トラブルや救急サービスの利用、頻回受診も増えたことで、かかりつけ医が見かねて、社会的処方のシステムにつなげた。すぐに保健師が介入したのだが、当初はコミュニケーションが苦手という本人の発言もあり、介入が難しかったようだ。まずは、家のノミの駆除から始まり、丁寧なコミュニケーションから信頼関係を築くことを意識していったところ、Aさんも時折笑顔をみせるようになった。その後、コミュニティへつなげようとしたが、それもまた難関の連続だった。当初、Aさんが囲碁が好きだったことから、囲碁サークルをご紹介しようとしたものの、その会場が遠方であり、また近隣にもあまり日程が合いそうな人がいなかったため断念せざるをえなかった。他にも、まちの体操教室はどうか、と考えてはみたが、参加者の多くが高齢者であり、Aさんにとってはあまり好ましい様子ではなかったそうだ。そんなある時、Aさんの「自分は理学部出身で科学に関心がある」というつぶやきを保健師が拾い、それではということで「針金アート」を紹介したところ、関心を持ち始めてくれた。それならまずは行ってみようということで、保健師とAさんは、針金アートサークルに一緒に訪れてみた。すると、その内容をAさんもとても気に入ったようで、熱心に取り組むようになった。今では社協の生活支援コーディネーターと連携し、ワークショップ化したその針金アートサークルの中で、Aさんはなんと運営を手伝うほどまでになったとのことだ。そして驚くことにこのサークル活動につながったことで、Aさんの救急サービスの利用や頻回な受診、ご近所トラブルまでもが減ったのだ。さらにAさんはもともとアルコールに関連してもかなり問題を抱えていたが、飲酒量も減っていった。

このような事例は、患者のみならず、医師自身の気づきにもなる。患者に環境変化が生じることで、医療的な側面にまで影響が出ると知ることができる。患者の変化を医師に伝えることで、実例をもって、健康というものがいかに社会的要因によって決定されるかの重要性を知ることができるのだ。

こうした社会的処方の成功事例は、まだまだ数は多くないものの実現している。実現に至っている要因としてはおそらくへき地であるからこそ、診療所の医師も患者もお互いに選択肢が少ないがゆえに、成り行き上「かかりつけ医」としての役割を担い、患者の心理社会的背景にもアプローチせざるを得ない状況が起因しているのではないかと考えられる。医師である自分が社会的要因を見逃しても、患者はおいおい自分のところに帰ってくるためだ。また、ベテラン保健師の資質も大きい。医師や地域コミュニティをはじめとした多様な主体と長年の仕事のあり方から密な関係性が築けていた保健師たちの活躍が素晴らしいのだ。医師と密な関係性だからこそ、「あの人にお願いしたら、なんとかしてくれるかもしれない」と医師が信頼する。また、処方先としても一般的な介護サービスのみならず、地域の小さなコミュニティにもアンテナを張ってくれてきたことで、針金アートなどのコミュニティも地域資源として把握している。地域のプレイヤーとも密な関係を築くことで自分が知らないことも誰かが教えてくれる、手伝ってくれるような体制を整えているのだろう。本人のやりたいこと、興味関心をつぶやきから拾い出すスキルも卓越している。人間中心性、エンパワメント、共創の社会的処方における基本理念を網羅した素晴らしいケースワークの実践者なのである。

## 養父市におけるリンクワーカー養成講座

では、こうしたベテラン保健師のようなスキルやマインドをどう作って他の医療者や市民に広げていくのか。養父市では、市民がそれぞれに今の仕事も続けながら、少しだけリンクワーカーのマインドを持って地域で活動してもらえるように、リンクワーカー養成講座を行い、その輪を広げていくことを試みた。

# リンクワーカーの 10要素 カード

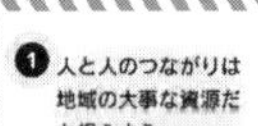

**❶ 人と人のつながりは地域の大事な資源だと捉えよう。**

孤独はタバコ 15 本分に相当する死亡リスクです。人と人のつながりは地域にとって大事な資源です。

**❷ 当事者の生活や暮らしを見つめよう。**

相手に合わないつながりを無理やり押し付けてはいけません。その人に合った場所はどこか、まずは生活や暮らしを見つめてみましょう。

**❸ 伴走上手になり、聞き上手になり、つぶやきを拾おう。**

本人のやってみたいこと、気になることを急に語ってくれるわけではありません。まずは伴走し、聞き上手になり、つぶやきを拾ってみましょう。

**❹ つないでうまく行かない場合はつなぎ直そう。**

つないでみてうまくいかない場合も少なくありません。うまくいっているか気にかけ、うまくいかない場合はつなぎなおしましょう。

**❺ 当事者の居場所や出番、生きがいを当事者と共に作ってみよう。**

地域に本人がやりたいことができる場所があるとは限りません。居場所や出番がない場合は、一緒に作ってみましょう。

**❻ 地縁型（自治会や自治協）だけでなく趣味やスポーツなどテーマ型のコミュニティも大切にしよう。まだまだ地域には知らない場所や人がいると謙虚になろう。**

地縁型のコミュニティも大事ですが、その地域以外の人はなかなか参加しづらいです。やってみたいことやりたいことでつながるテーマ型コミュニティを大切にしましょう。どの範囲を対象にしたコミュニティなのか見極めることも大事です。地域にはさまざまなコミュニティや人がいます。まだまだ知らないことは多くあると謙虚になり、地域に出ていきましょう。

**❼ 当事者、専門職の立場を超えて、情報交換する場に参加しよう。**

医療、福祉、行政、住民、当事者、さまざまな立場から見えているものは異なります。職種を超えて情報交換する場に参加してみましょう。

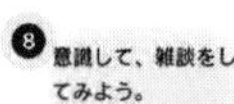

**❽ 意識して、雑談をしてみよう。**

雑談から地域の情報が入ってくるかもしれません。外出したとき、気になる場所に寄ってみて雑談をしてみましょう。

**❾ まずは小さく始めてみよう。**

リンクワーカーとしていきなり大きなことをする必要はありません。まずは小さく始めてみましょう。

**❿ 支援者も楽しみ、健康であることを大切にしよう。**

リンクワーカーも健康で、楽しむことが重要です。困ったときは、別のリンクワーカーに聞いてみましょう。

この 10 要素は、
リンクワーカー研修でおこなった意見交換で
話し合った内容から作成しました。

Please help yourself

ご自由にお使い下さい。

※ A3用紙に印刷して、切り取ってご利用下さい。

図11：養父市でのリンクワーカー養成講座の感想をもとに作成したリンクワーカーの心得

養父市でのリンクワーカー養成講座は、市民向けと医療福祉専門職向けで分けて実施している。医療福祉専門職向けの講座は、２０２２年度は3回実施。1回目は社会的処方の概要。つながりや地域づくりの重要性を認識してもらい、今あることをつなぎ合わせていくことからスタートできる認識を持ってもらった。2回目は、社会的処方の人間中心性、エンパワメント、共創の基本理念に基づいたケースワーク。ここでは、患者の生活者としての視点を大事にすることや多様なアイデアや妄想から共創が生まれることを知ってもらった。そして3回目は、コミュニティデザイナーから社会資源の見つけ方・つなぎ方について学ぶワークショップを行った。この研修を通じて、どこにコミュニティがあり、誰に聞けば知ることができるのか、みんなで考える機会となった。

そして、リンクワーカー養成講座で学んだことから、それぞれ自分の立場でリンクワーカーとして活動できることを参加者にできるだけ挙げてもらった。最終的に、そこで集まった意見と、社会的処方の理念をもとに、「10要素カード」を作成することにした**（図11）**。医療福祉専門職が、自分の仕事を行う中でも、そのカードに立ち返りながらリンクワーカーとしての活動が行えるようにするためである。当事者の生活や暮らしを見つめよう、つぶやきを拾おう、当事者の居場所や出番、生きがいを共に作ってみよう、雑談をしようといったカードを活用して、専門職の殻を破ってもらうことを期待している。

数十年前に比べて、今の日本には多様な制度がある。しかし、その制度を私たちが「使う」のではなく、私たちが「使われている」のではないかと思うことがある。認知機能が低下したらデイサービス、家族が介護に負担を感じたらショートステイ、というように。私自身も診療をしながら、そのようなやや短絡的な思考に陥ってしまうこともあった。それは、制度があるからこそ、便利になったからこそとれる選択肢であるが、それが本当に本人の幸せやウェルビーイングにつながっているのか、考えなければならない。本人に伴走し、つぶやきを拾い、つないでいくこと。そのために、広く地域のことを知ること、そして地域資源開発をするためにコミュニティに伴走すること。そういった社会的処方を実現するために必要なスキルは、ソーシャルワーカーとしての役割をもつ保健師や社会福祉士には本来的な専門性として内在されていることだ。それを、現在の制度や肩書きによって固定化された役割にとらわれて十分に発揮できなくしているのではないかと感じる。そんな現状に対して、「私たちは、あなたの専門性が真に発揮される瞬間を待ち望んでいる」という願いを込めたのがリンクワーカーの10要素カードである。今年度は、そのカードをもとに、私はこんなことをやってみた、私はこれを意識してみたと、話を進めてもらおうと思っている。今後は保健師らのアセスメントシートにもウェルビーイングの視点を加えながら、進めていくことを目指している。

一方で、専門職以外に対しては、社会的処方に関して普及啓発し、彼ら彼女らがケア的なマインドを持ち、リンクワーカーの役割を担ってもらえるように促していく。ただその中で「正しい」を押し付けてはいけない。つながらなければならないというメッセージは市民の内発性に基づかず、継続性が担保できない。むしろ、こんなことやあんなことをやってみたいという想いをエンパワメントすることで、継続的な活動が期待できる。また、自分の心と対話しながら、やりたいこと、感じていることを元にプロ

**図12：**小規模かつ多機能な役割を持つ図書館型地域共生拠点 だいかい文庫

ジェクトを創り出す「マイプロジェクト」を市民向けに実施予定だ。マイプロジェクトを基に共に学びながら、参加者の成長を促し、最終的にはなにか新しい場を作ってくれるプレイヤーを生み出す伴走型の支援を実施していく予定である。例えば、子育てに困っているお母さんが子ども食堂を作ったり、移住者が若者の集うカフェを作ったり、そういった0→1を応援したい。その場が排他性なく、包摂的な場になるように支援ができればと思う。

## 小規模多機能な公共空間「だいかい文庫」

私たちは、そういった市民の力で作る包摂的な場を既に実践している。それが、養父市の隣のまち豊岡市に作った「本と暮らしのあるところ だいかい文庫」である。

2020年に一般社団法人ケアと暮らしの編集

社を立ち上げ作っただいかい文庫は「図書館型地域共生拠点」と名づけており、ケアとまちをつなぐ社会的処方の拠点である。基本的には、本を誰もが借りていくことができる普通の私設図書館であり、市民がお金と本を出し合って運営している。有給のスタッフが1~2名いる以外は、市民のみんなが交互でお店番を行い、場を回している。

しかし、このだいかい文庫は実は相談の場でもあり、居場所でもあり、市民大学としての機能も持っている。週の半分は保健師・看護師のスタッフが常駐しているが、そのうち週1回は「居場所の相談所」とよばれる、なんでも相談の場を設けている。孤立・孤独の悩みから、医療相談、時には修士論文の相談まで、「どこに相談したらいいかわからない」相談を気軽に受けられるようにしている。

また障がい者や失業者等、困難を抱えた人々などの居場所としても機能している。さらには、月に何度か「みんなのだいかい大学」と呼ばれる市民大学を開催しており、障がいや疾患を持っているかどうかに関わらず、自分が好きなことで講座が開けるように後押ししている。例えば、うつ病の当事者がその体験を話したり、干物教室が行われたり、旅行プランを立てようといった講座も行われている。

このようなだいかい文庫の多機能性はさまざまな人々の入り口になっている。図書館だと思って入ってきた方、市民大学の講座を受けにきた方、相談をしにきた方など、さまざまだ。そして、気づかぬうち、別の入り口から入ってきた人が「好きな本が同じだった」といった理由で友人になり、だいかい文庫の外でも会うようになる。また、図書館の店番や市民大学の講師など、支える側に回っていることもある。多機能性があるからこそ多様な人々が来る。また小規模だからこそ、そこに来ている人々が遠すぎず、近すぎない、ほどよい距離感でつながっている。

私たちは、小規模多機能な公共空間とは、「あそこにいけばなんとかなる」場と表現している。ちょっとお金に困っても、大切な人を亡くしても、本を借りたくても、あそこにいけばなんとかなるという信頼感のある場だ。そういった場は、もともとはまち中にあったはずである。お寺や教会といった場がそうだったかもしれないし、まちの映画館がそういった集い場になっていたかもしれない。しかし、今やそれらも集い場としての機能はなくなり、純粋に資本主義の中でサービスの機能としてのみ存在している。そのサービスの檻を市民性で取っ払わなければならないのではないだろうか。

とある際には、自宅で子猫が大量に生まれてしまった人が、子猫の受け取り先を探しにだいかい文庫に来られたことがある。普通、図書館に子猫の受け取り先を探しにはこないだろう。ただ、だいかい文庫に来るさまざまな方に声をかけたところ、無事、引き取り手が見つかった。小さな困りごとでも、大きな悩みでも、暮らしの延長上に、「あそこにいけばなんとかなる」と思える場があるだろうか。そういった場を地域に増やしていかなければならない。

だいかい文庫では、精神疾患を抱えた方が相談に来られ、多様な利用者やスタッフと話をするうちに、回復していくこともある。本人は、「多様な価値観に触れて、今のままの自分でもいいんだと思えるようになった」と言ってくれた。また、店番をしていた元新聞記者の方は、「相手の背景を考えて、まず話をじっくり聞くことが大事だと気づくようになった」と言ってくれた。他にも、「だいかい文庫があることがまちにとって誇りなんだ」と言ってくれた人もいた。だいかい文庫に関わるうち、暮らしの中で出会うことがない人と、そこで交流することで新しい価値観やスキルを身につけていくことになる。人によっては、相談を受けた人を専門の相談機関へ紹介したりなど、リンクワーカーのような働きをする人も出てきた。このように、医療福祉に全く関係ない方々が困難を抱えた当事者に出会い、友人関係になっていくことで、損得勘定を超えた内発性が生まれていく。つまり、この人のためになにかできないか、ポジティブなおせっかいができないかと思い、リンクワーカーのような活動をはじめていくのだ。包摂的な場で多様な価値観に触れていくことが、人々の市民性を後押しして、自然とリンクワーカー的な役割を担うようになっていくのかもしれない。

だいかい文庫にいる専門職リンクワーカーの役割は、その場の交通整理をすることである。参加したいけど参加できない人に声をかけて入ってきてもらうこと、利用者同士の問題が起きたときに仲を取り持つこと、利用している市民の方の内発性、つまり「やってみたい」という想いを阻害することなく受け止めることなど。資源が限定されている共有地だからこそみんなで使わなければならないものが小規模多機能な公共空間であるが、専門職であるリンクワーカーは、こういった場をメンテナンスし交通整理をする管理人のような存在でもあるのだ。

また、リンクワーカーは人とコミュニティ、人と人の間を取り持つ存在として、活躍する可能性がある。小規模多機能な公共空間をまちに増やしていくこと、そこに専門職のリンクワーカーがいること（顔を出していること）が、人々をより生き生きとさせ、市民リンクワーカーを作っていくのだと考えている。

私は、非営利団体、行政、臨床の立場から、今後もそういった小規模多機能な公共空間を作る後押しをしていきたいと考えている。

養父市のモデル事業やだいかい文庫の事例は、学会発表やメディア等で徐々に取り上げられている。その甲斐あって、徐々に関心を持ち、見学に来られる医師等の医療従事者が増えている。そして、だいかい文庫で働く医療従事者は広島や東京からの移住者であり、養父市でコミュニティナースとして地域看護を担う看護師もUターン組である。医師不足、支え手不足が深刻化する地方において、一人でも支え手が増えることは本当にありがたいこと。リンクワーカーを市民から育てるだけなく、社会的処方を促進することで、地域に関わってみたい医療従事者を確保するきっかけになるかもしれない。

Yoichi Morimoto　YABU　REPORT

名張市と養父市での大きな違いの一つに、「リンクワーカーを養成する講座を行うか否か」という点がある。これは、小さいようであって実は大きな命題でもある。もし、自分の地域で社会的処方の活動を広めていこう、と考えたときの設計に関わるからだ。リンクワーカーを養成する講座を行えば、地域の中で活動することの意義やその注意点も最初から伝えられるし、もともとおせっかいを焼きたかった方々のエンパワメントになり、主宰者側にとって「意思を同じくする仲間を作りやすい」メリットがある。フルームの取り組みもこのタイプ。一方で、ひとたび「リンクワーカー」として活動するお墨付きを与えられてしまったら、その方々にとっては肩書が重荷になる場合がある。例えば、せっかく「リンクワーカー」として活動しようと意気込んでみても、活動の場が持続的に与えられなければ、最初にあった情熱はすぐに冷めてしまい、結果的に地域からドロップアウトしてしまう……なんて例もある。モチベーションを高める出発点が、「使命感」「義務感」として設計されやすい養成講座では、参加者は受け身になりやすく、主宰者に対して「リンクワーカーの資格をもらった私たちは、次に何をすれば良いですか」と求め続けるだけであれば、活動は拡大していかない。

一方で、「活動すること」をベースに地域住民の参加をデザインしていく名張市のやり方は、「楽しむこと」「面白がること」が出発点であり、活動の内容に無理がなく、持続しやすい。川崎市で取っているのもこちらの形式である。しかし、こちらの形式の場合は「誰もが加わりたいと思えるような参加の場を開催し活動すること」をデザインするのが難しい場合もあるし、社会的処方を主宰する側がコントロールできない方向に活動が向かっていくこともしばしばあり得る。結果的に、社会的処方の仕組みを地域でうまく動かしていくのに時間もかかってしまうだろう。

では、自分たちの地域ではどうするべきなのか？　それに対する回答は存在しない。それぞれの地域において、名張市、養父市、またはフルームのうち、どこに近い形でデザインしていくのが最も良いのかは、そこで暮らす人にしか分からない面があるからだ。川崎市を例に挙げると、僕たちが活動している中原区は、昔から市民活動が盛んなまちであり、「放っておいても勝手に活動が発生し続けている」のである。この町では誰かが「こんなことやってみたい！」と手挙げをしたときに「そんなこと言って、どうやって時間とお金用意するの？」なんて言葉の前に「それ、めっちゃいいじゃん！」「一緒にやりましょう」と、全肯定してくれるのが普通の文化になっている。そんな環境では、高校生が子どもから大人までを巻き込んでゴミ拾いチームを作ったり、小学生も「自分にもできることがあるはず」と手を挙げて、大人たちを率いるリーダーとして活躍していたりする。こういった環境であれば、あえてリンクワーカー養成講座を行うまでもなく、「活動を面白がる」ことに加担していくだけでＯＫであるのだ。しかし一方で、「リンクワーカー養成講座があった方が良い」地域も当然のように存在する。

そのためまずは、自分たちが暮らす町の文化をきちんと把握することが大事である。「リンクワーカーを養成する講座を行うか否か」という命題設定がそもそも間違っているのだ。「このまちの文化・環境、目の前にいる一人一人の住民にとっては養成講座があったほうがhappyか？」という視点で考えてもらえれば良い。

## 「孤独・孤立対策推進法」とその意義

国内外の実践と議論の高まりの中、２０２３年にはついに日本において「孤独・孤立対策推進法」が公布され、２０２４年４月の施行をもって、今後は法的根拠をもって孤独・孤立対策、そして社会的処方の実践を行っていく方針となった。

孤独・孤立対策推進法によって、日本はどのような方向を目指していこうとしているのか。法律の内

### 1. 基本理念

①孤独・孤立の状態は人生のあらゆる段階において何人にも生じ得るものであり、社会のあらゆる分野において孤独・孤立対策の推進を図ることが重要であること。

②孤独・孤立の状態にある者及びその家族等の立場に立って、当事者等の状況に応じた支援が継続的に行われること。

③当事者等に対しては、その意向に沿って当事者等が社会及び他者との関わりを持つことにより孤独・孤立の状態から脱却して日常生活及び社会生活を円滑に営むことができるようになることを目標として、必要な支援が行われること。

**表**：孤独・孤立対策推進法の概要　14）から一部抜粋・改変

容を確認しながら、考えていこう（**表**）。

この法律において重要なことは、大きく3つある。

**①「孤独・孤立の状態は人生のあらゆる段階において何人にも生じ得る」ことの明記**

**②国だけではなく、地方公共団体および国民の責務について記載していること**

**③「支援者への支援」の明記**

まず、①として「孤独・孤立の状態は人生のあらゆる段階において何人にも生じ得る」ことを法律として明記していること。これは、現時点で孤独・孤立に陥っていない人も、病気や事故、家族の離別、倒産や社会情勢の変化などによって誰しもが容易にその状態になり得ることを認め、よって「全ての国民が対象である」と意図している。それはつまり、法律の文言上での「当事者」とは「孤独・孤立の状態にある者及びその家族等」とされているものの、いま現在は孤独・孤立ではなくても、全ての国民がそのリスクを背負っているという意味で「当事者」であり、予防や共助も含めて国民全員で孤独・孤立の課題に取り組んでほしいという内容と読める。それは②の項目についても同様で、国の責務だけではなく、地方公共団体そして国民一人一人の責務や努力についてそれぞれ一条を割いて記載されているところからも読み取れる。

さらに、「孤独・孤立対策地域協議会」を設置するかどうかは別として、各地方公共団体は「区域内における当事者等の状況に応じた施策を策定し、及び実施する責務を有する」と明記されたことも大きい。行政機関は基本的に法律に明文化されたものについては、形はどうあれ実施する努力義務を負っているため、市民団体やリンクワーカーとして活動する方々は、この法的根拠をもって、連携や協力の要請を行いやすくなったと言える。

また③として、これまで孤立しがちだった「支援者」に対する支援について、情報提供や人材の確保、支援者同士の連携の推進などを複数の条文の中で規定している。そもそも、国内においても様々な社会資源は民間および公的なものを含めてコロナ禍以前から多数存在していた。しかし、それらの活動や支援者そのものが孤立しており、連携に悩み、財政的基盤を持たない中で拡大できず、自然消滅していくものも多々みられていた。本来であれば、この各社会資源を「横につなげて橋渡しをする」役割が各地域に求められていたのであるが、今回この法律が施行されることで、「支援者の孤立」が解消に向かっていくことが期待されるだろう。

この「支援者への支援」については、日本老年学的評価研究（ＪＡＧＥＳ）が行った自治体への介入によって、特に高齢男性についてコミュニティ活動への参加機会を増進し、さらに死亡率を改善させるという画期的な結果が報告されている。[15][16] JAGESの研究者たちは2013年から2016年にかけて継続的に13の自治体職員に対し、地域社会の評価データの利用および組織横断的なパートナーシップなどの促進を行い、地域コミュニティが形成されていくように支援を行った。その結果、介入を行った自治体では特に男性のコミュニティグループへの参加が10%以上向上し、これは介入を行わなかった自治体と比べて統計学的に有意差が認められた。[15] さらに、これらの介入自治体での男性死亡率を約10%改善させたのである。[16] コミュニティ活動への介入は一般的に、もともと社交的だったり金銭的に余裕がある人などが参加することが多く、結果として「もともと健康的だった人は、より健康的になっていく」一方で、低所得でひきこもりがちな方々は恩恵を受けられずに、地域での健康格差は広がりがちになってしまう。しかし、この研究における介入では、全ての人が参加しやすいコミュニティを作りつつも、客観的データの活用で参加者の選定などを細かく行えたことにより、参加率や死亡率改善の効果は、所得が低い人でも高い人でも同程度か、むしろ低い人でより大きな効果が見られたことから健康格差の是正にも貢献するものであった。このように、地域でのコミュニティ形成を行っていく支援者を支援していく取り組みは、彼らのモチベーションを維持し、活動の質および持続性を高め、それらが結果的に地域に対して良い影響を与えるといえる。

日本が法治国家である以上、2024年からの孤独・孤立対策推進法に則った、社会的処方を推進する全国の動きは、これまでとは比べものにならないほど飛躍的に進んでいくだろう。いち市民として生活しているとそれほど意識しないことも多いかもしれないが、法律の制定とはそれほど大きな意義を持つものだ。ただし、その勢いが強ければ強いほど、社会的処方に関する誤解や、その運用の間違いがあったまま全国で展開された場合、多くの国民が不利益を被ることとなる。冒頭にも紹介したように、社会的処方の効果に関する科学的な検証はまだ十分とは言えない。過度な投資や熱狂、手放しでの賞賛をするのではなく、目の前にいる一人一人を見つめ、必要に応じて適切な社会的支援を行っていく、その中のひとつの選択肢として、社会的処方の考え方があるのだと理解しておいた方が、現時点では無難であろう。

## 参考文献


1）Julianne Holt-Lunstad, et al. „Social relationships and mortality risk: a meta-analytic review". *PLoS Med*. 2010;7:e1000316.

2）Martin Roland, et al. "Social Prescribing - Transforming the Relationship between Physicians and Their Patients". *N Engl J Med*. 2020;383:97-99.

3）Bickerdike L, et al. "Social prescribing: less rhetoric and more reality. A systematic review of the evidence". *BMJ Open*. 2017; 7:e013384.

4）Bridget Kiely, et al. "Effect of social prescribing link workers on health outcomes and costs for adults in primary care and community settings: a systematic review"*BMJ Open*. 2022;12:e062951.

5）Kate Hamilton-West, et al."New horizons in supporting older people's health and wellbeing: is social prescribing a way forward?"*Age Ageing*. 2020;49:319-326.

6）Morse DF, et al."Global developments in social prescribing". *BMJ Glob Health* 2022;7:e008524.

7）Global Social Prescribing Alliance Website. https://www.gspalliance.com/global-network（最終閲覧日２０２３年９月13日）

8）Harvard College Social Prescribing Group Launches Natiional Campaign https://www.thecrimson.com/article/2023/3/29/social-prescribing-group-launch/（最終閲覧日２０２３年９月13日）

9）Visit Somerset（サマセット州公式観光webサイト）https://www.visitsomerset.co.uk/frome（最終閲覧日２０２３年８月31日）

10）Discover Frome（フルーム市公式観光webサイト）https://www.discoverfrome.co.uk/frome/（最終閲覧日２０２３年８月31日）

11）Dr Desi Gradinarova, "Heritage and Social Prescribing in Action" *Historic England Research Issue*, Historic England, 2022

12）"Green Community Connecter" Health Connection Mendip Official website, https://healthconnectionsmendip.org/lets-connect/training/green-community-connectors/（最終閲覧日２０２３年８月31日）

13）Hamaad Khan, et.al. Social Prescribing Around the World, Global Social Prescribing Alliance, 2023

14）内閣官房Webサイト https://www.cas.go.jp/jp/seisaku/suisinhou/suisinhou.html（最終閲覧日２０２３年９月13日）

15）Maho Haseda, et al. "Effectiveness of community organizing interventions on social activities among older residents in Japan: A JAGES quasi-experimental study"*Soc Sci Med*. 2019;240:112527.

16）Maho Haseda, et al. "Effectiveness of a community organizing intervention on mortality and its equity among older residents in Japan: A JAGES quasi-experimental study"*Health Place*. 2022;74:102764.


註釈：本文中で紹介する団体・活動に対しての日本語訳は、公式に統一された日本語訳が存在しないものは筆者の意訳で記されている。

CHAPTER 4

# 社会のなかで生きることが元気につながる

川崎の暮らしの保健室には、2枚の絵が飾られている。

1枚は、夕暮れ時を水彩で描いた絵、そしてもう1枚は「華」と名付けられた抽象的なアート。この2枚の絵が、ここに来ることになったのにはそれぞれの絵、そして作家さんにまつわるエピソードがある。

まずは、「夕暮れ」を描いた「オバケのタムタム」さんのエピソードからご紹介しよう。

## EPISODE Obake-no-TamTam & studio FLAT Tomohiro Nishi

2023年5月に、暮らしの保健室の新拠点をオープンさせるにあたり「何か、アート作品を飾りたいね」という話をスタッフとしていたときだった。あるスタッフが何気なく、パラアートを紹介するwebサイトを閲覧していたところ、海の底を覗くような深い青の中に沈みゆく夕日と、黄色の星々が描かれた「夜空」という作品に目を止めた。

スタッフ同士で「これ、良くない？」と盛り上がっている中さらに、「全盲の画家・オバケのタムタム」の作家名に全員が釘付けとなった。「えっ、どうやって描いているの？」「目が見えなくてもこんなに豊かな絵を創れるものなの？」と。「ぜひ、この『夜空』を譲ってほしい、できればオープンに合わせてこの方に新作を描き下ろしてほしい」と考えた僕たちは、そのサイトを通じてタムタムさんに連絡をしたのだった。

図1：暮らしの保健室に並ぶ2枚の絵（撮影：西智弘）

タムタムさんは子どものころから視力は良くなかったという。小学生の時に初めて受けた視力検査が0・5ほど。本が大好きな子どもだったので親は「暗いところで読んでいたからじゃないだろうか？」と言った。しかし、ある頃から「夜になると何も見えない」ことに気づく。キャンプに行った夜、みんなは普通に歩けている中でも自分には何も見えない。

さらに視力が落ちた高校生のとき、眼鏡が必要と考えて眼科医に診てもらったところ、その医者の顔色が変わった。「ちょっと、お母さん呼んで」。診断は網膜色素変性症。今は見えているこの世界も、いつまで見えるかわからない病。

思春期のその時期に、どんどん視野が狭くなっていって、大好きな本も読めなくなっていき、見えなくなってからどうなるかわからない、それは言い表せないほどの苦しみだったという。

「ぎりぎり生き延びたっていうか。親が苦しみを負ってしまうという思いが私を生きながらえさせてくれた」

とタムタムさんは心境を語ってくれた。

なんとか高校を卒業して進学したけれど、その間にも目の症状は悪化し退学。そんな中で、父親に「物の見方が鋭いから文章を書いてみたら」と勧められた。

「絶望の中にあったのに、不思議と明るいファンタジーを書けたんですよね。コンクールに応募したら最終選考に残ることができた。それで食べていけるとは思わなかったけれど、気持ちの拠り所になりました」

働きながら書き続け、結婚して子どもが生まれてからも続けてきた。そして、童話で賞を取るまでになった。

しかし、子どもが大きくなってきたころに、仕事中に目の痛みが頻回に出るようになり、家事に専念することとなった。

「でも、ずっと家の中にいると、マイナスな思考になりやすくて。子どもたちが良くないと思ったんでしょうね。それで『何かやったら?』って言われて。以前から年賀状を触覚頼りに粘土やモールなどを組み合わせて作っていたことがあり、本格的にやってみようかなと思いました。全盲の絵描きとして活動している人はなく、誰も参考にできなかったから、自分で考えるしかなかった。触覚を生かす方法で貼り絵を中心に手がけています」

そのうちに子どもたちから「Instagramに投稿してみないか」と勧められた。気乗りしなかったけれど、投稿してみると思った以上に良い反応をたくさんもらえたのだという。

「ネットって人を叩くイメージがあって、一年間は創作のみに徹していた。今は、やって良かったと思います。見ず知らずの人たちがコメントをくれて返信するのは楽しいことです。連れ合いから、『上手な人はたくさんいるけど、あなたの絵は、あなたにしかできない』と言われた。私は、絵と文に専念し、連れ合いが絵を撮影して、遠方に居住する息子がSNSに投稿しています」

「目が見えない人の絵は、たまに笑いが起きるんです。きっと頭の中に描いているのとは違うんでしょうね。でも上手くいかないのも当たり前だと思っています。数をたくさんこなして、その中からたまたまうまくできたり、うまくなくても面白い絵があったら子どもが投稿して、そういうのが意外と評価されたり」

## 夕暮れ

オバケのタムタム

陽が沈む。
なにもかもをだいだい色に染めながら。
やがてそれらは見えなくなる。
空には星々がまたたき始める。
柔らかな黄色いお月様も顔を出す。
地球がくるりと回ってまた陽は上る。
黄金色にオレンジ色に
まばゆい光を放ちながら。
大きな自然のサイクル、
そして私たちもまたその一部だ。

「死を考えたことは何度もある。今、目の前に死神が現れたら死を選ぶ。自分で選んだわけでもないこんな人生は二度と嫌。でも感じているのは、過去があったから今の自分があるってこと。いまこうやって生き延びたから帳尻合わせてってあるのかなって気がする。あと自分の人生が何年、何十年あるのかわからないけど、絵を描き続けていたら、絵本を作ってみたいなんて夢もできてきました。この先に何かあるかもわからないけど…今は幸せですね」

そんなタムタムさんに僕らから依頼したのは「夕日が沈む時間になっても寂しくならない、温かく迎えられる、そんな絵」を描いてほしいという内容だった。

そしてタムタムさんから頂いた絵、そして「夕暮れ」のタイトルと思いが込められたメッセージ。

タムタムさんにとって、父親から、そして子どもたちから繋げられた文章とアートの「処方」は生きるうえでのひとつの支えになっているのだろうと感じられた。

暮らしの保健室に飾られたタムタムさんの絵は、多くの方が目を止め「この絵は…」と聞いてくれる。

タムタムさんの描いた絵が、次は誰かにとっての「処方」につながっている。

## バリアを超えて才能を届ける Studio FLATの取り組み

暮らしの保健室に、タムタムさんの絵と並んで飾られているのは川崎市幸区「コトニアガーデン」内に

**図2**：studio FLATにて、代表の大平暁さん（撮影：西智弘）

あるNPO法人studio FLATから購入したアクリル絵画だ。アーティストは宮本憲史朗さん。1995年からアートの可能性や人間の可能性を再発見する活動「エイブル・アート・ムーブメント（可能性の芸術運動）」を提唱し、障がいをもつ方などを含めて誰もが自らを自由に表現する活動を支援する「エイブル・アート・ジャパン」にも登録するアーティストの一人である。

studio FLATもまた、「障がいのあるなしに関わらず、皆の魅力を最大限に引き出して、社会貢献に励む」ことをミッションとして、アートを通じて人と人とがつながっていくことを支援する活動に取り組んでいる。

代表を務める大平暁さんは、多摩美術大学を卒業後しばらくしての2007年ころに川崎市内の障がい者施設から「オランダで行われている、障がいのある人たちのためのアート活動と同じようなことをやりたい。絵の指導に来てくれないか」と声をかけられた。それまでは障がいをもつ方と関わる経験が無く、戸惑いの連続。試行錯誤を続けていた中で、あるこだわりの強いアーティストと出会ったことが大きな転機になった。

彼はとても絵が上手だった。最初のころは、彼が描いた下絵に大平さんがペンを入れていく作業をしていたが、その線が少しでも彼のイメージとずれると、大平さんが数時間かけて描いたものを全部修正ペンで消してしまう。コミュニケーションがうまく取れていない中で、何を求められているのかもわからない日々が続き、大平さんは「本当にこれで良いのか、彼に向き合えていないのでは」と行き詰まっていた。

そんなある日、施設の中で大平さんが怪我をしてしまったとき、彼がそっと絆創膏を持ってきてくれて自分の痛みのように「痛い、痛い」と言いながら、傷口に絆創膏を貼ってくれたことがあったのだという。

「その時、彼が思うような線は引けていなくても彼と心は通じていたんじゃないか、って気づいたんです。それ以来、こちらからもっと寄り添うようにしたことで、彼の考えていることもわかるようになってきた。次第に彼から信頼が得られるようになり、私が頼むと絵を描いてくれるようになりました。私は彼から、共感を持って寄り添うこと、そして一緒に制作をするということの大切さを学んだのだと思います」

そうして出来上がった作品は完成度が高く、彼をプロデュースしたいという気持ちが高まり、アート活動にも活気が出てきた。しかしそんな矢先に、彼は21歳という若さで持病のてんかんの発作で亡くなってしまった。

「もっと早く、彼の作品を発表するために頑張れば良かった」

という大きな後悔。この体験が、大平さんが障がいをもつ方の作品を発表していくことへの原動力となっている。

「その後も、市内の特別支援学校への出張指導やワークショップなどの活動を通じて、才能あふれる生徒たちがたくさんいることを知りました。一方で、その多くは卒業後に才能を生かせる事業所に行くことが出来ていないという現状がありました。こうした生徒の才能を生かせる場をつくりたい、また過去の後悔を繰り返さないためにも、活動を事業化していきたいと考えたのです」

その後、障がいのあるなしに関わらず作品の魅力そのものを「ＦＬＡＴ」に感じてもらいたいというコンセプトを込め、２０１６年ごろからstudio FLATという名前で展示会や原画販売を行い、２０２０年にはコトニアガーデン新川崎開設に合わせてＮＰＯ法人化。恒常的な制作スペースを確保することで、アーティストが今以上に制作に集中できる環境を整えていった。

## 障がいのある無しに関わらず、良いものは良い

studio FLATが入るコトニアガーデン新川崎は、「シニアから子どもまで暮らしやすいまちづくり」と

いうコンセプトに基づいて作られた複合施設で、中には老人ホームがあったり、保育園があったり、スーパーやカフェが開かれていたり。

「この小さなコミュニティを中心に周辺の地域の中でみんなで生活していきましょう、ってコンセプト中にはもちろん障がいのある人も含まれている。なので、ここで一緒にワークショップやったり、畑で野菜を育てたりって交流する中で保育園の方々にとっても『障がいのある人』というよりは『絵の上手いお兄さん・お姉さん』って感じで関わっています」

studio FLATが運営する事業所の定員は20名だが、その日によって参加人数も変わるため、普段は10～15人ほどが制作に取り組んでいる。アーティストたちは、いつも各々自由に紙を持ち出して鉛筆やペンで絵を描いているが、展示会が近いとかでキャンバスを用意すると目の輝きが変わるのだという。

「スイッチが入るというか。それでどんどん描いていく方もいます。ただ、もちろんそれでも全然描かない方もいます。それはもう本人のペースですね。任せていますので、私の方から何かを促したりすることは無いです。基本的には、出来あがったものの中で、良いものがあれば展示したり、商品化したり、という形です」

制作されたアート作品はギャラリーから直接、またはwebサイトを通じて購入できる。川崎市内外の様々な商品に作品が利用される例もあり、市内で発行している音楽雑誌の表紙や海苔販売を行う人気店のパッケージデザインにも使用されている。

また、販売するだけではなく作品を毎月レンタルでお届けするサブスクリプションサービスも行って

図3：各々が自由に制作に取り組んでいる（撮影：西智弘）

図4：商品パッケージにstudio FLATのアート作品が用いられている（写真提供：高喜商店）

おり、川崎市内の様々な場所に作品たちが飾られている。配達の際は、なるべくアーティスト本人が自身で絵を届けるようにしているそうだ。それはアーティスト自身が、目の前でお客さんからの感想や喜びを伝えてもらえる良さがあるから。原画さえ見てもらえれば、そこに障がいがあるとか無いとか関係ない、「作品そのものの良さ」を感じてもらえる、と大平さんは力説する。

「世間からはまだまだ、福祉の文脈で見られる場面も多いですね。どこかの会館で展示を行って『障がいのある人が頑張って描いたものが、みんなに見てもらえて良かったね』で終わってしまう。でも、もともと私自身が彼らの生み出すアートのクオリティに惹かれてこの活動を続けてきたので、アートの文脈の中で評価されるべきだと思っています。アートとしての価値が認められて『所有してもらう』ところまで持っていきたい」

図5：studio FLAT内のギャラリーに展示された作品たち（撮影：西智弘）

このように障がいのある方の支援を続けてきている大平さんだが、時に「福祉は人を豊かにできているのか？」「障がいのある人たちが主体的に日々活動できているのか？」といった疑問を抱くこともあるという。

「障がいのある人を経済的な競争に巻き込むな、みたいな批判を頂くこともたまにあります。でも、私たちも彼らの経済的自立も考える中で、特に今の若い世代だと障がいのある人のアート活動と商業的活動が結びついていることに違和感を覚えないと思うんですよね。もうそういう時代になっていますし、それがもっと進んでいくべきだと思っています。アート作品がひとつ売れたら、梱包作業費と送料だけ引かせてもらって、あとはほとんどアーティストに入るようにしています。最近はＮＦＴ（Non-Fungible Token：アートで言えばデジタルデータそのものに電子署名が付されており代替不可能なデータ作品）も始めていて、ダウンロードで販売できるように整えている。そういったルートもできていけば、アーティストに障がいがあるかないかは関係なくアートとして買ってもらえるようになっていく」

## アートと障がいと社会的処方的な意義

ある女性は、家族と一緒に川崎に引っ越してきて初めての土地で居場所が無かったのだという。しかし、studio FLATのことを見つけられて、活動に一緒に参加するようになったところでアートの才能を開花させた。

「前に住んでいたところでは特にアート活動はしていなかったけど、今ではけっこう売れっ子なんですよ。作品が展示されているのを見たりだとか、グッズになったりだとかの経験を経て、本人にも自信がついていきますよね。作品の前に行くと、本人が誇らしげに絵のことを話したりしていますね」

大平さんがstudio FLATの活動を通じて行っているのは、あくまでも「一人一人の創造性が発揮できるようになるためのお手伝い」である。大平さんが、「もっとこうした方が良くなるんじゃないか」と思っても、アーティスト本人は何が得意で何をしたいのか、に寄り添ってサポートしていくことで、さらに想像を超えてくる作品を見せてくれる。才能がある、ということを「見ている」人がいる事実が、アーティストにとっても自信につながっていく。

僕らは得てして「障がい者」などという括りで人を分かりやすく分類し、その枠として人を評価しがちだ。しかし、いわゆる健常者の中にも様々な人がいるように、障がい者と呼ばれる方々の中にも様々な人がいる。絵を描くのが得意な方もいれば、粘土をこねるのが得意な人もいる。またアートとは全く関係ない分野に興味を示し、そこで才能を発揮する方もいる。そこにはあくまでも「一人一人」が存在するのであって、「障がいのあるなし」は関係がない。かといって、「障がい」をことさらに否定するのもまた間違っている。言葉の良し悪しは別として、「障がいといわれる状態」があるからこそ、その人にとっての才能が開花したとも言えるからだ。障がいを持つ方のアート作品を製品化して世界に発信している企業として「ヘラルボニー」があるが、その代表を務める松田文登さん・松田崇弥さんが執筆された『異彩を、放て』の中にこんな一節がある。[1]

知的障がいがあると、人として〝欠落〟しているところがあるんじゃないか……そんな思いを抱く人もまだまだ多い。けれども一方で、その〝欠落〟とみなされるような強烈なこだわりやしつこさが、かえって作品に力を宿らせているようにも感じる。果たしてそれは〝欠落〟と切り捨ててよいものなのだろうか。

障がいといわれる状態を否定せず、またことさらに強調もせず、「その状態も含めた個人」を尊重し肯定する。言葉にすると当たり前のように見えるかもしれないが、「障がいを持っていてかわいそうな人だけど頑張ってる」とか「障がいがあっても健常者と同じようにアートを生み出せるんだね！」などと思ったことが無いかどうか？

そしてここで重要なことは、「何かの分野で才能を発揮することを評価する」のが、やはり健常者からの視点に偏っていないかという点だ。障がい者なのに素晴らしいアート作品を生み出しているから価値がある？　では、その障がい者は「この社会が認める」素晴らしいアート作品を生み出せるから評価されるのか？　また逆に、そういった「社会に対し何かを生み出すことができる」文脈に乗ることができない人には価値は無いのか？　そうではないだろう。大切なことは、何かを生み出すとかできることがあるかどうかに関係が無く、皆がここに存在するだけで肯定され幸せに暮らせる社会を目指すことだ。そのためには、目の前にいる一人一人がどんな方であっても、「私はあなたのことを見ていますよ」というメッセージをお互いに送り合うことが必要なのである。

そして、そうやって一人一人を見ている中で、新たな面白さに気づけることもある。例えば、福祉事業所でみんなで割り箸をパック詰めする作業をしていたときに、ある一人がパックからはみ出しても割り箸を入れ続けていた、という場面。その時に「みんなと同じようにしないとダメでしょう」と作業を止めさせるのか、それとも「どこまで箸を入れ続けられるのか見てみたいね」と言ってどんどんやってもらうのか。結果的に、2か月かけてその割り箸の束は人の背丈を超すほどまでに成長し、見た人を圧倒する迫力となったそれは、美術館に展示される「アート作品」となった。これは、福島県にある「はじまりの美術館」に展示された武田拓さんの「はし」という作品が生まれるまでのエピソードであるが(ぜひ画像を検索して見てみてほしい)、これを「箸をパックに詰め続ける才能」と見なすのか、それとも「みんなで決められた作業を守れないダメな人」と見なすのかで、世界が大きく変わるのがわかるだろう。そもそも「箸をパックに詰め続ける才能」そのものを、価値がないとして切り捨ててしまうことだってできる。健常者が築いてきた常識という名の社会の文脈の中で、それに乗れない様々な「才能」がこれまでもたくさん切り捨てられてきたのだろう。「何も生み出すことができない」のではなく、「何も生み出さないと見られてきた」だけなのに。

これまで「障がい者アート」と呼ばれてきた分野にはずっと、こういった「健常者からの眼差し」がつきまとってきた。しかし、障がいのあるなしに関係なく、誰もが自由な環境の中で自分なりの才能を発揮できて、それをさらに「FLAT」な視点で誰かが面白がってくれて、お互いの違いを楽しみあうことは可能である。そんな世界を実現していくためには、社会に暮らす全ての人が、その脳に何重にもかかってしまっている「価値」という名のフィルターを剝がすことから始める必要がある。



## アートを通じて、人と社会がつながっていく

暮らしの保健室にある2枚の絵と、それにまつわるエピソードから、アートを通じて人と社会がつながっていく姿を見てきた。

では、アートを通じて、人が社会とつながり、そして「元気になっていく」とはどういうことなのか。その点をより深掘りしていくため、まずは国立アートリサーチセンター主任研究員である稲庭彩和子さんから、「アートと人間の関わり」から紐解いて、「文化的処方」の考え方、そしてその源泉となった「とびらプロジェクト」についてご紹介いただこう。そしてその次に、僕自身が体験してきた「ダンス・ウェル」の取り組みから、アートがもつケアの力を解き明かしていこう。

## アートはずっと存在している。それはなぜなのか?

みなさんは「アートが健康に良い影響を与える」というのを信じるだろうか。「なぜアートが?」という疑問にここで少しでも応えていきたいと思う。近年、健康を支える要素としてのアートや文化活動への関心が高まってきている。ではアートの「何が」健康に通じる要素なのだろうか。

人々が思いを表現した絵や造形、音楽、ダンスなどをアートというならば、人間社会には、太古の昔からずっとアートが存在する。約3万2000年前に描かれたと言われるフランスのショーヴェ洞窟に描かれた動物たちや、約1万5000年前の日本の縄文土器の装飾をはじめ、世界各国のダンスなど、言葉を超えて表現され、人から人へと伝播し共有してきたものが世界にはあふれている。そこには、人間を超越する自然や神に対する畏怖の念や、死者への祈り、愛するものへの想い、共有する象徴など、人が他者と生きていくために避けては通れない、自分を取り巻く世界とつながるための必然的なエネルギーが注がれてきた。

アートは人類の歴史上ずっと存在しており、人にとって欠かせないものである理由のひとつは、人が社会的動物で高度な「つながり」が必須だからだ。それは単に他者との表面的な繋がりではなく、自己の内面とのつながりを含む。人は自己信頼ができなくなるとイキイキとしているのは難しく、また、心が通う他者がいない「望まない孤独や孤立」は死を近づける。心安らかに暮らすには自分とのつながり、他者とのつながり、心身ともに安心安全な居場所が必要だ。だから人は自己と自分を取り巻く世界をつなげようと表現し、他者とともに想像を共有し、つながりを形成する力をアートの形で発展させてきたのだろう。言語を超え表現するアートは高度に社会的である人間が生きることをつなぐ、切実なものとして生み出されてきた。アートは個人の創造性と深い繋がりを持ちつつ、同時に社会的な関係性をつくるソーシャルな機能を持つのが特徴だ。

アートとひと口にいっても、アートにはその時代固有の性質や役割もあり、社会的な効果も多面的だ。しかしどの時代においてもアートは人間の根源的な感性に働きかけ、コミュニケーションを生み、人々のつながりや所属感を支えてきた。そして今、アートが人をリラックスさせたり、コミュニティを健やかにするなどの健康効果が多様に示されつつある。

## アートと文化でウェルビーイングを増進

アートが健康やウェルビーイングの向上に重要な働きをするという研究は、21世紀に入り大きく進展してきた。例えば、２０１９年に世界保健機関（ＷＨＯ）が「健康とウェルビーイングの向上におけるアートの役割についてのエビデンスとは？」というレポートを発行した。[2]この約20年のヨーロッパ地域に焦点を当て、健康に資するアートの役割についての数多くの研究を網羅的に概観したレポートだ。

3000を超える研究を通して、病気の予防、健康の増進、疾病の管理・治療において、アートが大きな役割を果たすことが明らかになった、と結論づけている。超高齢社会の進展とそれに伴う医療費の抑制に効果があるとされ、北欧をはじめEU諸国、英国、オーストラリア、ニュージーランド、米国、カナダ、シンガポール、台湾などの地域で、アートや文化活動は非医療的な介入の重要な社会資源として捉えられている。具体的にはクリエイティブ・ヘルスと呼ばれるような地方自治体でのアートや文化を活用する施策の推進や、薬の処方よりも地域社会活動への参加を促す「社会的処方」としてアート分野の実践が進んできている。

この冊子（**図6**）は2017年に英国の芸術・健康・ウェルビーイングに関する超党派議員連盟が発行した調査報告書『クリエイティブ・ヘルス：健康とウェルビーイングに寄与する芸術活動』の要約版だ。英国のアーティスト、

日本語版

All-Party Parliamentary Group on Arts, Health and Wellbeing Inquiry

Creative Health: The Arts for Health and Wellbeing

The Short Report

クリエイティブ・ヘルス
健康とウェルビーイングに寄与する芸術活動

July 2017

CUL TU RE

appg

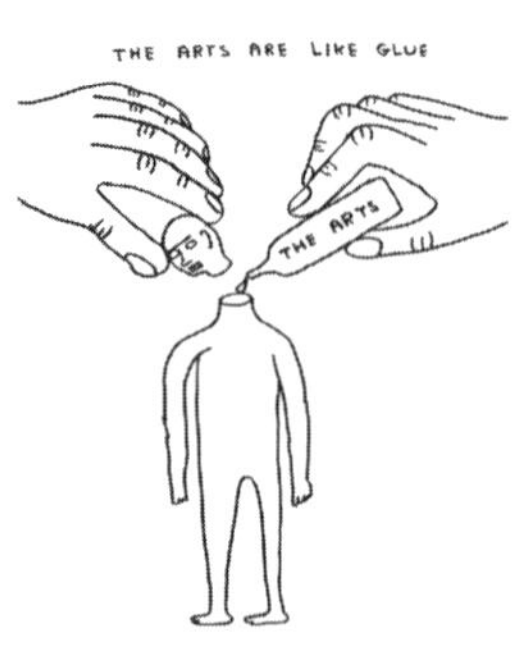


**図6**：『クリエイティブ・ヘルス：健康とウェルビーイングに寄与する芸術活動』[3)]

デイヴィッド・シュリグリーによる「文化」を薬のようにして飲んでいる少しシュールなイラストが、この報告書の内容を強く印象付けている。

この超党派議員連盟は「芸術活動が健康とウェルビーイングに寄与する」という認識を高めることを目的に２０１４年に結成され、政策と実践の提言を行うことを目指して、医療や福祉における芸術の実践と研究について2年間の調査を行った。この要約版には、約２００ページにもなる本編から主要なメッセージ、提言、今後の展開などが要点をしぼってわかりやすくまとめられている。２０２３年には日本語翻訳版が国立アートリサーチセンターから刊行されており、ＰＤＦで無料で閲覧できるため参考にしてほしい。[4] この調査報告書の社会的影響力は大きく、その後のイギリス国内での政策などにも実際に結実しているという。

国際社会の潮流から見ると日本国内の現状は20年ほど立ち遅れている状況に見えるが、活動の芽は国内にもある。そのひとつが、「アートや文化活動を介して、望まない孤独や孤立を減らし、多様な人々が互いに生きやすい共生社会をつくる」というヴィジョンをかかげて、２０２３年の春に始まった新しいプロジェクト「アートコミュニケーション共創拠点事業」だ。東京藝術大学を拠点とし、大学、国立美術館など文化施設、福祉・医療セクター、民間企業、自治体など39組織が共創し、国の研究事業予算（年間約3億円）を得て、10年間のプロジェクトとして社会課題に取り組む。[5][6] アートを扱う国の長期研究プロジェクトは少なく、分野の異なる主体が知識や技術を持ち寄り、社会課題の解決をめざし協働することは新しい試みと言えるだろう。

このプロジェクトでは、アートとテクノロジー分野が手を結び、福祉・医療セクターや各自治体などと共に「文化的処方」という活動を創り出し各地で実践し、誰もが自分らしくいられる共生社会の実現をめざす。イギリスの「Social Prescribing」を参照しながらも、このプロジェクトでは「文化的処方」という呼び名で、日本各地のそれぞれの地域にあった活動をつくり、実践していく予定である。

この「文化的処方」の軸は、文化やアートを介しての「つながり」にある。心や体の感覚を触発する創造的な文化的体験や、アートを介したコミュニケーションをきっかけとして、「今ここ」に生きている自分に対して肯定的な感覚を得たり、社会とのつながりをつくる活動になっていくことを想定している。日々の身体的なエクササイズが健康につながるように、社会的な健康、つまり人とのつながりの質を高める活動は私たちの健康およびウェルビーイングに良い影響をもたらす。実践と並行して多様な方法論やテクノロジーを用いて「文化的処方」が健康に資するかどうかのエビデンスをとる計画をたてている。

このプロジェクトで重要な働きをするのが「文化リンクワーカー」だ。望まない孤独や孤立の状況にある人が、自分の存在が尊重された安心できる環境で表現をしたり、アートを鑑賞しあったり、他者と互いに与え合って生きているという共生の感覚が耕される機会を「文化リンクワーカー」として活動する市民とともに作っていきたいと考えている。

「文化リンクワーカー」がまず大切にするのは「その人の文化を尊重する」というあり方だ。そして、その当事者に耳を傾け、伴走者となる。誰しも自分の文化があり、普段は意識しないが表現したいことや創造性を内在させている。文化リンクワーカーは、その人の文化や創造性や志向を発見する人でもある。その人の文化が尊重されるなかで、関心や興味がある、ちょっと面白そうなど、その人の主体性が伴って新しい関わりに足を踏み入れていく機会を作っていくことが求められる。当事者自身が望む状況を自ら調整することを支え、伴走するイメージだ。そのためには半年以上の長期の視点が必要になることも多く、持続可能な環境づくり、仕組みづくりも必要だ。クリエイティブな思考を喚起するアートや文化を介してのつながりを軸として「気づく、つながる、活動的に過ごす、学ぶ、他者をケアする」などの活動が有機的につながって、コミュニティの質自体が「文化的処方」の広がりと共に高まっていく活動を目指している。

## 「とびらプロジェクト」と社会的処方の共通項

実はこのプロジェクトの「文化的処方」の考えの源泉は、私が東京都美術館（以降、都美と略す）で学芸員をしていた際の2012年から始まった活動に遡る。美術館を拠点としたアートコミュニティ形成事業「とびらプロジェクト」だ。「社会的処方」の話を2014年に英国で初めて耳にした時、活動の向かう方向性は、まさに同じ大きな流れの中にあると感じた。

「とびらプロジェクト」は、美術館を拠点にアートを介してコミュニティを育むソーシャルデザインプロジェクトで、広く一般から集まったアート・コミュニケータ「とびラー」と、学芸員や大学の教員、そして第一線で活躍中の専門家がともに美術館を拠点に、そこにある文化資源を活かしながら、人と作品、人と人、人と場所をつなぐ活動をしている。2012年の都美のリニューアルに際して、ミッションである「新しい価値観に触れ、自己を見つめ、世界との絆が深まる『創造と共生の場＝アート・コミュニティ』を築く」ことを目指して立ち上げられた[7]。隣接する東京藝術大学と両者の特性を活かしながら連携して取り組んでいる。

プロジェクトの説明には次のように書いている。

「成熟した社会」と言われる現代の日本において、今後取り組まなくてはならない社会的な課題は、多様性の尊重とそのネットワーク化の2つであると考えます。一つは人々の価値観や文化背景の違いなどを尊重することであり、二つ目は個々人の生き方を孤立させず、社会の中で関係づけていくことと捉えています。多様な人々の多様な価値観を結びつけていけるアート・コミュニケータが社会の中で機能することにより、誰もが誰をも包摂できるしなやかで柔軟な社会基盤の構築を目指していきます[8]。

図7：とびらプロジェクトのアートコミュニケータ「とびラー」(2022年3月)

## 私たちの目指すこと

この「とびらプロジェクト」がめざすコミュニティ形成の姿やアートコミュニケータのあり方は、社会的処方のモデルコミュニティの姿とも近い。もちろん、英国の社会的処方は制度化され、医療の方面からのシステムである点は、いち美術館の活動とは全く違うが、市民参画のコミュニティのありたい姿としては、例えば社会的処方のキーワードである「人間中心性・エンパワメント・共創」なども重なる。また、当事者性や社会課題を視野に入れた活動は、美術館が扱う現代アートの分野の潮流とも重なってくるものだ。つまり英国の「Social Prescribing」のモデルコミュニティと東京美術館を拠点にしてはじまった「とびらプロジェクト」は、少し俯瞰した位置から見てみれば、どちらも同じ潮流の上にある。それは成熟した民主的な社会で、異なる多様な人々とのウェルビーイングな共生の仕方を模索していく、市民参加型社会への動きでもある。

当初予想をしないことであったが、アートコミュニケータが主体的に活動するプロジェクトは、その後10年余りの間に青森県八戸市、岐阜県、長野県、茨城県取手市などの美術館やアートの拠点に参照され、それぞれの地域にある文化資源をもとにアートコミュニケーション活動が展開されている。[9] また、とびらプロジェクトのアートコミュニケータが3年で任期満了した後に結成されたNPO法人などの活動も継続して行われている。

2024年4月に新たにアートコミュニケータ「ことラー」の活動が始まる川崎市では、福祉や医療との連携を視野にいれ、アートとケアをテーマに、まさに「文化的処方」をアートコミュニケータと共に街に実装していく、実験的な最初の事例となりそうだ。

## アートコミュニケータとソーシャルな鑑賞法

この「文化的処方」の軸は、文化やアートを介しての「つながり」にあると前述したが、これまでアートや文化にあまり関心がない人にとっては、アートや文化財がなぜ人を社会につなげる力があるのか、いまひとつ分かりにくいかもしれない。ここでは具体的に美術館での活動の例を挙げて説明しよう。東京都美術館で行われた学校プログラム「スペシャル・マンデー」[10]に東京都多摩市の適応教室「ゆうかり教室」の子どもたちが参加した。適応教室は普段は学校に行きづらいと感じている子どもたちの学びの場だ。今、不登校の児童生徒の数は全国で約30万人にも上る。日本では子どもたちを取り巻く環境として、正規の学校以外の日常的な学びの場の選択肢はあまりない。不登校であることは居場所を失うことでもあり、望まない孤独や孤立に陥いる可能性が高くなる。そのような状況の中、各自治体に設置されている適応教室は、登校のハードルを下げた環境で個別に勉強や社会的体験ができる場だ。当時「ゆうかり教室」を担当していた杉浦先生は適応教室に通う子どもたちに積極的に外に出る機会を作りたいと思い、この学校プログラムへの参加を考えた。このスペシャル・マンデーは学校の授業のためだけに展示室を開く特別の日。電車に乗るのも苦手、人混みや集団も苦手という子が多いなか、美術館から無料で提供される往復の貸切バスに乗ってしまえば、人混みを避け、静かな美術館に到着する。この安心安全が確保されていることも、参加への大きなポイントだったという。

この時の展示は「ゴッホとゴーギャン展」。南フランス・アルルでのゴッホとゴーギャンの共同生活を軸に、そこに至るまでの画業からその後の影響まで、二人の芸術家の交流と作品の変遷を辿るものだった[11]。

「ゴッホとゴーギャン、二人の人間の交流、友情が垣間見える展示でした。それって生き方ですよね。絵画技法とか技術的な話だと、図工、美術が好きじゃない子には響かないかもしれない。でも、生き方はどの子にも関係あることだから、とてもよい学びにつながったと思います」

と杉浦先生はいう。

東京都美術館の学校プログラムの鑑賞のスタイ

**図8**：「ゴッホとゴーギャン展」でのスペシャル・マンデーの様子（東京都美術館、2016年）

ルは、子どもたち数人とアートコミュニケータ（とびラー）が一緒に対話しながら、作品をじっくり見ていくのが定番だ。「ゆうかり教室」の場合は、少人数（子どもたち2〜3人にとびラー1〜2人）がひとつのグループになり、一緒に展示室をまわった。リラックスした雰囲気の中、1作品を15分程度、2作品をじっくりと見ながら対話を通して鑑賞を深めていった。子どもたちの中には他人とのやりとりに不安を感じ、積極的に交流を持たない子も多い。どうやって、子どもたちに安心してもらい、自然と言葉を交わしだす状況をつくるかがポイントだ。

この時アートコミュニケータは子どもたちの伴走者になる。つまり教える立場のような上下の関係ではなく、対等な関係になる。毎日接している学校の先生や保護者は、否応なく子どもと上下の関係があるが、初めて会った大人であるアートコ

**図9：**「ゴッホとゴーギャン展」でのスペシャル・マンデーの様子（東京都美術館、2016年）

ミュニケータは「しがらみのない大人」だ。そうした普段の自分を知らない大人で、且つしっかりと自分の発言に耳を傾けてくれる大人が伴走者となると、子どもたちは話してみる気持ちになりやすい。

杉浦先生は展示室を回りながらみんなの様子を見ていた。

「ゴーギャンの作品で、3人の人が並んでいるものがあったんですね。そのうちの一人の男性は、背中を向けている。その男性が、ちょっとうつむき加減なことに気がついたんですよ。それを発見したのはあの子だけ。私も気がつかなかった。それで、『これ、何で背中を向けているんだろう』『女の人は顔を上げているのに、男の人はうつむいているから、女性が強い島なのかもしれない』って。そんなことを言えたんです！」

杉浦先生は子どもたちが互いに少しずつ言葉を交わしながら、絵と向き合う姿に、正直びっくりしたという。

「ふだんはあまり話せない、話すのが苦手な子たちなんですよ」

と。

絵を見て、自分が捉えたことを言葉にして意見を言うことは、実は間接的に自分を語ることになる。絵について語っているようで、その言葉には自分の主観的な捉え方がどうしても乗ってくる。自分の話に関心を持って耳を傾けて聞いてくれる人がいて、共感してくれたり、別の意見を重ねられたりすることは、その人を、そこにしっかりと存在させ、肯定する行為になる。そして、作品について語ることは、実は「作品の価値付け」に社会的に参加していることにもなる。作品は人の言葉によって価値がもたらされるからだ。対話を通した鑑賞は、作品の存在と、一緒に鑑賞する仲間の存在によって、存在を互いに肯定するソーシャルなコミュニケーションを生む。また、実際の展示空間で本物の作品に出会い誰かと共に作品を鑑賞することは、一緒に食事を共にした際に起こるようなリラックスした中での共同的な体験も生み「同じ釜のメシを食う」効果に近いソーシャルな効果も生む。

活動後の子どもたちの感想の中には「バスの中がキラキラしていた」と書かれていた。絵を見て言葉を交わした後には、いつもとは違うコミュニケーションが生まれる。

「バスの中で子どもたちが大きな声で笑うのを初めて見ました。もう、うるさいぐらい騒いでいて。ふだんはシャイな子たちなんだけど…とっても楽しいひと時を過ごせたと言っていました」

さらには、スペシャル・マンデーに参加した後、お母さんを連れてもう一度「ゴッホとゴーギャン展」に行った生徒もいたという。

「お母さんに作品の解説をしてあげたんですって。泣けちゃいますよね。それなんです、私が願っていたのは」（杉浦先生）

## 「きく力・みる力」がケアする力になる

アートコミュニケータの伴走する力は「とびらプロジェクト」の活動の中で育まれる。基礎講座で「きく力」や「みる力」、そして多様な人と対話をするマインドづくりと、複数の人のアイディアを掛け合わせ協働する際に必要な「グッド・ミーティングの仕方」などを学び、実践の現場に繋げていく。作品の鑑賞では何人かグループで一緒に作品を見て、対話を通して理解を深めていく体験を重ねる。つまり多様な人が自分らしく共生するための、民主的でソーシャルな活動を実践するためのスキルを学び合っていく。

この基礎となる「きく力」と「みる力」は実は共通する点がある。例えば絵画などの作品を見ることは「キャンバスの上の表現に関心を寄せていくこと」であるし、人の話に耳を傾けるのも「相手の話（つまり表現していること）に関心を寄せていくこと」だからだ。どちらも「対象にどのように注意を向け、時間をかけて全面的な関心を寄せていくのか」という点では同じだ。中心となる知覚が聴覚と視覚の違いはあるが、実は私たちは、人の話を聞く時にも、作品を見る時にも実際には知覚（五感）をフル活用しながら全体性を持って見たり聴いたりしている。作品鑑賞というのは実は作品という他者や外界に関心を寄せることでもあり、それを複数の人で言葉を交わしながら行うと、極めてソーシャルな、社会や人と共創する活動となる。

先に紹介したような、作品を何人かで一緒に見る時は、その興味深い「作品」と呼ばれているものをじっくりと見ながら、それぞれが見えているもの、そこから考えたことを率直に話していく。「これは何だろう?」「あぁ、確かにこんなふうにも見える」とさまざまな意見が出てくる。同じものを見ても、ひとりひとりが少しずつ違う捉え方や表現をする。アートは人によって多様に理解される。お互い全く想像しなかった、驚くような見かたをつぶやいたりする。みんなの関心を喚起するポイントが豊かな作品では、それぞれの経験や価値観、ものの感じ方が表明しやすくなり、コミュニケーション回路が柔らかく開かれる。ファシリテータがそれぞれの意見に対して「ところで、それはどこからそう思ったの？」と聞き、みんなの意見を紡いでいくと、一人で作品を見る以上に、絵の隅々まで注意を向け、関心を寄せていくことができる。

絵を見て語ると、おのずと自分の経験や価値観も反映され、実は自分のことを同時に語ることにもなる。例えば、人の死や誕生、愛や憎しみなど、日常ではなかなか話題にのぼらないテーマではあるが、絵に触発されて言葉を紡ぎ交換していく中で、そういったテーマに対する自分の感じ方に気づいたりする。

また、こうした対話を通した作品鑑賞は、聞き合うこと自体で、お互いにケアされている感覚を得ることができる。つまり、美術館にある作品や文化財は、社会の中で共同して持っている宛先のない贈与（ギフト）とも言える。作品に深い関心を向け、またそれについての意見に関心を向け、時間をかけて語ること自体が、お互いへの贈り物を送るような、与えあう関係になるのが、この対話を通した鑑賞の不思議な効用だ。

あるアートコミュニケータ（とびラー）の言葉を紹介しよう。

「とびラー自身が活動を楽しんでいます。その活力は参加者に伝播し、最後には参加者の眼差しとなってとびラーに還ってきます。『その人らしさを肯定する』という土台があるからこそ、そうしたサイクルが生まれるのだと感じます」

アートや文化活動の健康に資する社会的価値の認識が広まり、今後さまざまな形で、多くの人が関わっていけるようにすることが今広く求められている。





## Happy! Dance Well

よく晴れた、紅葉の美しい日。

上野公園の奥に建つ東京都美術館のフロアには、20〜70代の男女20名ほどが集まっていた。少し緊張している僕も含めて。

ダンス・ウェルは、パーキンソン病と共に生きる方々を含む、子どもから大人まで、年齢や経験に関わらずどなたにも開かれたダンス活動です。イタリアのバッサーノ・デル・グラッパ市ＣＳＣ現代演劇センターの主宰により２０１３年から実施されています。

ダンス・ウェルの大きな特徴は、リハビリやダンスの技術習得を目的とするのではなく、芸術活動として実施していることです。
アート作品が設置されている美術博物館の敷地やアートギャラリー、季節を感じられる屋外など、感性が刺激される環境で開催します。
参加者の身体や心を解放して生まれる個性的な表現や多様な価値観を認め合うことを、芸術的なアプローチから試みます。

ダンス・ウェル石川 webサイト（www.dancewellishikawa.com）より抜粋

社会的処方について取材を進めていたとき、「ダンス・ウェル（Dance Well）という面白い活動がある」と教えてもらったのは数年前のことだ。

さっそくネットでダンス・ウェルの活動を調べてみると、確かにこれは社会的処方のひとつとして、興味深いものであった。

バッサーノ・デル・グラッパ市ではもともと修道院だった市立博物館を活動拠点にしており、ギャラリーだけでなく中庭などを利用して、毎週のようにダンス・ウェルを行っているのだそう。元々、コンテンポラリーダンスが盛んな町の風土もあり、市が博物館や国際芸術祭を運営し、まちぐるみでダンス・ウェルを支援している。学校の授業の一環で、子どもたちが参加する場合もあり、多世代へ活動を届けるようにしているということだった。

また、イタリアでは国際芸術祭のダンス・フェスティバルの一環でプロのダンスアーティストがダンス・ウェルの参加者に振付をして作品を創作し、フェスティバルに出演したりもしている。そして現在では、イタリア9都市＋香港・日本にダンス・ウェルの活動は広まっており、日本からも何名ものアーティストがイタリアに渡航し、ダンス・ウェル講師となるための研修を受けてきたのだという。

ダンス・ウェルの理念にすっかり魅了された僕は「いつか機会があれば参加したい」と思い続けてきた。そんなときに、ある人から

「今度、東京都美術館でダンス・ウェルの開催があるよ」

と教えていただいたのだった。

ダンス・ウェルは、パーキンソン病と共に生きる方々を主な対象とする活動である。パーキンソン病とは神経難病の一種で、脳内の神経伝達物質のドーパミンが減少することで、手のふるえや筋肉のこわばり、また動作が緩慢になったり、転びやすくなるなどの症状が徐々に進行する。また神経・筋肉の症状だけではなく、認知機能や意欲の低下を伴う場合もある。主に50歳以上で発症することが多いがそれより若い発症例もあり、その原因も解明されておらず根治させる方法も確立されていない。決して珍しい病気ではなく、60歳以上の100人に1人が罹患するとされ、日本では約15万人の患者がいる。

パーキンソン病の診療ガイドラインにおいて、運動は神経・筋症状の改善だけではなく、認知機能の改善が得られた報告もあり、薬物療法などと合わせて行うことが勧められている。[12] 運動療法として勧め

られている内容は様々なものがあるが、ダンスもそのひとつの方法としてこれまで実践と検証が行われてきた。このダンス・ウェルもまた、そういったプログラムのひとつとして広がってきたものである。

なるほど確かにこの日の東京都美術館の会場にも、ヘルプマークをつけている方や杖をついている方も何人かいらっしゃった。その方々のうちの一部は、おそらくパーキンソン病を持っているのだろう。ただ、のちにそのような「区別」は意味を成さないことがだんだんとわかってくる。

## 美術館の内外、そしてアート作品を利用して自らを表現する

今日、講師を務めるのは振付家・演出家の白神ももこさん。イタリアに研修に行き、ダンス・ウェルについて学んできた方のひとりである。同じ、ダンス・ウェルのプログラムでも、アーティストによって内容は変わるのだという。コンテンポラリーダンスやジャズダンスをベースにしている方もいれば、ミュージカルとか民族舞踊を長くやっている方もいる。教えている対象が幼児や学校が中心、という方もいるし障害を持っている方を対象にしているなど様々な方がいるとのこと。

白神さんからダンス・ウェルについての簡単な説明と他2名のアシスタントの紹介の後、参加者は美術館の外に誘導されていった。

「これから何が始まるのだろう」と、少し緊張気味の面々が多い中、何度か参加している方だろうか、「昔、あれくらいの木がうちにもあってね…」と談笑する声も聞こえてきた。

**図10：東京都美術館 上野アーティストプロジェクト 2022「美をつむぐ源氏物語ーめぐり逢ひける えには深しなー」関連プログラム「ダンス・ウェル」の様子　2022年11月実施**（撮影：中島祐輔 写真提供：東京都美術館）

金色に輝く葉を残す、大きなイチョウの木の前にみんなが並ぶ。講師の白神さんが木に向かってゆっくりと手を上げていく。

「まずはイチョウの木に向かって、手を伸ばしてみましょう。葉を触るような感じ…。落ちていく葉もありますね」

「次は目を閉じて…聞こえる音がありますか？風、鳥、子どもの声……。それらに触れる感じがしますか」

「大きく深呼吸もしてみましょう。自分の心臓の音にも耳を傾けて…」

みんなが木に向かって手を伸ばし、細かく振ったり、大きく腕を動かしたり。はたから見たらちょっと怪しい集団に見えるかもしれない。ただ、このように目や耳、肌で感じることに合わせて身体を動かすと、感覚が研ぎ澄まされていく感じが心地よい。

そして次は美術館内に戻って展示の鑑賞。

**図11：**東京都美術館 上野アーティストプロジェクト 2022「美をつむぐ源氏物語ーめぐり逢ひける　えには深しなー」関連プログラム「ダンス・ウェル」の様子　2022年11月実施　（撮影：中島祐輔　写真提供：東京都美術館）

この日は『源氏物語』をテーマにしたアート作品が多数展示されていて、それをみんなで見にいく。各自でひと通り鑑賞した後、白神さんが声をかけていく。

「では次は、自分が気に入った作品の前に立って、実際に触れているような感じで身体を動かしてみましょう」

「目で見て感じることだけでなく、目を閉じてみて作品から聞こえてくる音、イメージできること…それで動いてみてください」

そうは言っても、展示会場はもちろん貸し切りではない。鑑賞者が他にもいる中で、ダイナミックに体を動かすのはちょっと恥ずかしいのでは…と思っていたら、先ほどまで杖を使っていた方が一番ダイナミックに体を動かし始めて面食らってしまった。

その方に倣い、他の参加者も徐々に移動して自分なりの表現を始める。それでも会場の隅でモジモジと動けない方もいたのだが、

「いま動かしたくない、という方はさっきイチョウの木の前でやったように、作品の前で大きく深呼吸というのでも良いですよ～」

と配慮を欠かさない。

アートとして展示されている本のオブジェを開くような動き、掛け軸に向かって大きく身体を捻じるような動き、手を合わせて祈るような動き…表現は人によってさまざまだ。

「では次に、スタジオに移動しましょうか」

と声をかけられたころには、じっとりと汗をかくくらいに体が温まってきた。

## 身体表現を使って、他人と会話する

「今日は源氏物語がテーマですから、スタジオまでは烏帽子をかぶった平安時代の貴族みたいな感じで行きましょうか」

頭に架空の烏帽子を乗せると、途端に姿勢がしゃんとする。参加者全員で、しゃなりしゃなりと歩いて着いたスタジオでは、椅子に車座となる。烏帽子を脱いだ後、

「では椅子に座ったまま、蹴鞠の動きをしてみましょう」

と白神さん。足を器用に使って、そこに鞠があるように見立てた後、それを他の人に向けて蹴りだしていく。遠くから飛んでくる見えない鞠。足だけでなく、頭で受けたり、胸で受けたり。思わず立ち上

**図12：**東京都美術館 上野アーティストプロジェクト 2022「美をつむぐ源氏物語ーめぐり逢ひける　えには深しなー」関連プログラム「ダンス・ウェル」の様子　2022年11月実施　（撮影：中島祐輔　写真提供：東京都美術館）

がって鞠を蹴り出す方も。もう恥ずかしがっている人もいないようだ。

次に2人組みになり、「今日見てきたこと」を離れた相手に身体の表現で伝える「身体での会話」。離れた相手との会話が終わったら、近くの人とペアを組みなおし、片方が後ろ向きになったもう片方の肩甲骨に手を当てて、身体から伝わる動きでまた、自分の心の中にあることを伝えていく。

そして最後は、『源氏物語』で源氏の君が姫を誘うように、スタジオ内で相手を見つけて誘い出し、身体を動かして伝え、そして相手もそれに答える、というワーク。相手の動きに応えようとしているうちに、自分の身体も自然と動き出し、結果的に「ダンスをしているような動きになる」。その面白さに笑い声がスタジオ内にあふれ、見事な動きをするペアには思わず皆が拍手を送っていた。

講師の白神さんは、

「他にも、ダンスを利用した患者支援のプログラムはあるが、ダンス・ウェルは自由度が高いのが特徴なんです。ダンスレッスンのような形ではなく、自分の中から生まれてくる表現を大切にする。身体の動かし方…というか体感の仕方、感覚の動かし方を知れる場となれれば良いなと思っています」

と話してくれた。

あっという間の90分。言葉はほとんど交わしてないのに、たくさんおしゃべりをした後のような感じが印象的だった。

## ダンスレッスンではないのに、結果的にダンスになっている

「ダンスをしています、と言うと敷居が高くなってしまうから、体を使った表現活動って言っているんです」

と話してくれたのは、石川県金沢市でダンス・ウェルに取り組むダンサーのなかむらくるみさんと、ダンス・ウェル石川共同代表の黒田裕子さん。

確かに、「ダンスをしましょう」と言われたら、「きちんと上手にする」「周りの人と同じようにする」「恥ずかしい」と思いがちな日本人は特に、参加を躊躇してしまうかもしれない。「私なんて何の経験も無いから」と。でも、正解も不正解も無く、ただ「体を動かしてもらうだけなんです」と言われれば、その参加のハードルはずいぶんと下がるだろう。

**図13：**高齢者から子供まで、病気や障害のあるなしに関係ないミックスグループでコミュニティをつくっていく（写真提供：ダンス・ウェル石川）

それでも、結果的にダンス・ウェルの現場で行われていることはやはりダンスの形をしていたし、そしてまた結果的にパーキンソン病の方々にとっては良い身体活動になっているのだろう。

「ダンス・ウェルに、こういうアクティビティを取り込みなさいという方法とか型は存在しません。その代わりに、大切にしている共通認識や哲学だけがあります」

例えば、

- **ダンサーの想像力／創造力や記憶を刺激する有機的な環境で開催する。**
- **ミックスグループで行う。パーキンソン病と共に生きている方「だけ」、がんを持っている方「だけ」ということはしない。**
- **全ての参加者を「ダンサー」と呼ぶ。**
- **単発イベントではなく、やり始めたらその地域でコミュニティを作って育てていく。**

といった特徴がある。

## ▼それぞれの表現方法に正解とか不正解を求めない

金沢では月1回の定期クラスを中心に活動しており、場所は金沢アートグミ、石川県立歴史博物館、コミュニティスペースなどをその都度借りながら開催している。特に美術館や博物館、ギャラリーの展示室内や敷地で踊ることは簡単に実現できることではないが、それでもダンス・ウェルがそのような感性を刺激される環境で開催することにこだわるのには理由がある。

まずその一つ目は、参加者が「自分たちの活動は芸術的な意味のある活動なのだ」と実感できる効果があること。ダンス・ウェルのwellには「上手」「調子が良い」といった意味の他に、「井戸・源泉」という意味もある。つまり、こういったクリエイティブな環境を用意することが参加者それぞれの表現の源泉となるのだ。そして二つ目、これがとても大きな意味があることだが、参加者がひとりひとり「自分はここに存在していても良い存在である」と認識できることである。パーキンソン病に限らず、何らかの病気や障害を抱えて生きていく中で、徐々に社会の中心から周縁に追いやられるような環境に置かれてしまうと「自分は美術や芸術のような華やかな世界からは縁遠くなってしまった」「自分はそんな場所にふさわしい価値のある人間ではない」と自分の心を閉じていってしまうことがある。しかし、ダンス・ウェルの活動に参加し、ひとりのダンサー、表現者としてクリエイティブな空間に立つことで、自分の存在を肯定できるようになる。東京都美術館で開催されたダンス・ウェルに参加されたあるパーキンソン病の方は、

「病気を発症してから、不自由に押しつぶされそうになることがあります。それは身体だけでなく心も不自由になっていたのだと思います。今日の時間は全てから解き放たれたような気持ちになりました」と話されていたそうだ[13]。これは、病院のリハビリ室や体育館では得られ難い体験である。

金沢での参加者は20歳代〜70歳代と幅広い(60〜70代が多い)。参加者のうち女性が65%くらい。何度も継続して参加される方が多いが、毎回2割くらいは初参加の方がいるとのこと。参加地域も金沢市内だけではなく市外、また東京や大阪など県外から参加される方もいる。パーキンソン病を持っている方もいれば、がんの経験者や障がいを持っている方、また医療者や主婦など多様なメンバーが参加し、子どもが走り回っている回もあれば、静かな回もあったのだそう。

ただ、共通しているのはここに「患者」として来て

**図14：**全員がフラットな関係性の中で、上手に踊るのを目指すのではなく、楽しく踊る
(写真提供：ダンス・ウェル石川)

いる人はほとんどいないということ。みんな「ダンサー」として参加している。講師役をするプロのダンサーはいるけれど、「教える人」「教えられる人」がいるわけではなく、全員がフラットな関係性の中でお互いに学び合うコミュニティをつくっていくことを大切にしている。

そして治療やリハビリとしてではなく、「体を動かして表現すること」を楽しんで参加した結果として体の動きが滑らかになる。イタリアでの参加者の一人は「自分が楽しい時間を過ごすと、パーキンソン病の薬が効いている時間が長くなるように感じる」と話されていたそうだ。

「私たちダンサー側が、そういった効果を強調して話すことはあまりしていませんけれども、実際にイタリアでも『ダンス・ウェルが楽しすぎて、定時で飲まなければ体が動かなくなる薬をうっかり忘れてしまったの。でも全然動けているの、不思議ね』みたいに話される方がいるのですよね」

## アートがもつ力で変わっていったAさん

ここでなかむらさんが、長い間ダンス・ウェルに参加し続けているAさんの話をしてくれた。Aさんはもともとシャイな性格で、自分の気持ちをあまり言わない方であった。パーキンソン病に罹患して仕事も退職し、その後からダンス・ウェルに参加してくれるようになったのだが、あまり自分のことを話してくれなかったのだそう。なかむらさんとしては「楽しんでくれているのかな」と心配になっていたが、Aさんは通い続けてくれてはいた。

そんな折、なかむらさんが世界に発信するダンスの映像作品を作る企画をダンス・ウェル石川で立ち上げた。その時、なかむらさんは A さんに「私の映像作品に出演してくれませんか」とオファーを出した。しかし A さんは「僕でいいんですか」と訝しんでいた。

「僕は日々、いかに自分の不調とか転びそうなところを見られないように過ごすかをモットーに生きてきたのに、なかむらさんがそれを『見せたい』と言われるから、どういう気持ちでいればよいかわからない」

当時の A さんにとって、自分の体の状態と付き合っていく感情にはプラスのものが無く、「今日はこの道で転ばずに過ごせるか」とか「道の真ん中で立ち止まって動けなくなるのでは」とかネガティブなことばかりだった。でもなかむらさんから見れば、その「病気」としての捉え方は理解する一方で、ダンサーとしての見方として、A さんの動きに魅力を感じていたのだそう。

「まず、あの動きは自分にはできません。なぜなら、A さんと私の身体の状態は異なるからです。その異なりがあるからこそ、それぞれの身体から生まれる独自の動きがあり、そこに私は魅力を感じるのだと思います。」

そう思っていたなかむらさんは、A さんに対し

「A さんの心配事はわかりました。でも私は A さんだからこそ、私の作品に出演してほしいんです」

とオファーし続けたのだそう。そして、

「だんだん、なかむらさんが僕らの動きを『魅力的』とか『美しい』って言ってくれる意味が分かって

きた」

「僕でいいのなら、挑戦してみます」と、お返事をいただいたのだった。

そして、なかむらさんの映像作品に出演した後、その上映会でのトークイベントでAさんは「映像を見て戸惑いもあるけれど、自分の動きも悪くないかなあ」と、自分の体験を話していたという。

「Aさんも他の参加者も、継続的に関わることで表現の幅が広がっていくし、動きのバリエーションも増えていく。その結果、心理的にもポジティブに変わっていく。他の人の表現を見たり、体を介して他の参加者とコミュニケーションをとっていくことで『自分の動きも、面白いのかもしれない』と思えるようになる方もいる。ダンス・ウェルの場自体が、その人にとって居心地のよい場になっているから、リラックスして踊ってくれるようになっていくのです」

と、黒田さんとなかむらさん。

また上映会の後に、もう一人の出演者であるBさんの奥さんが、なかむらさんに手紙を送ってきたのだそう。

そこには、

「この2年程、活動に参加していた夫を通して『ダンス』というものに対する私の先入観が徐々に消えていきました。そして体の不自由な夫の日常の動きそのものが、私にとって魅力あるものとしてみえてくるという転機もおこりました。」

と書かれていた。

いまもAさん、Bさんは、ダンス・ウェルのクラスに通い続けている。



## アートが持つ「ケアの力」

ではここで、ダンス・ウェルの活動がどのような意味で社会的処方としての意義を持つのか、について考えてみよう。

そもそも人の苦しみは、「主観と客観のズレ」から生じる、という考え方がある（図15）。主観的な思い・願い・価値観と、客観的な状況にズレがあると、そこに苦しみが生じるということ。例えば、「異性に振り向いてもらいたい」と主観で願っていても、客観である現実ではそんなに簡単にモテることはない。そこにズレがあるから、苦しみが生まれる。

医療的な場面で考えるなら、例えば「交通事故で腕の骨が折れた」という状況が発生したとしよう。主観的な思い・願い・価値観からすれば「腕の骨が折れていない自分」のほうが本来の自分であるはず。でも客観的な現実は「腕が折れている」。そこにズレが生じていることで、「腕の骨が折れていて痛い」、という身体的な苦痛や、「この腕が元に戻るのか不安だ」という精神的な苦痛などが発生する。

では、このズレから生じる苦痛を解消する方法にはどういったものがあるだろうか。ひとつは、客観的状況を主観的な願いに近づける、「キュア的アプローチ」。この「腕の骨が折れた」という状況であれば、

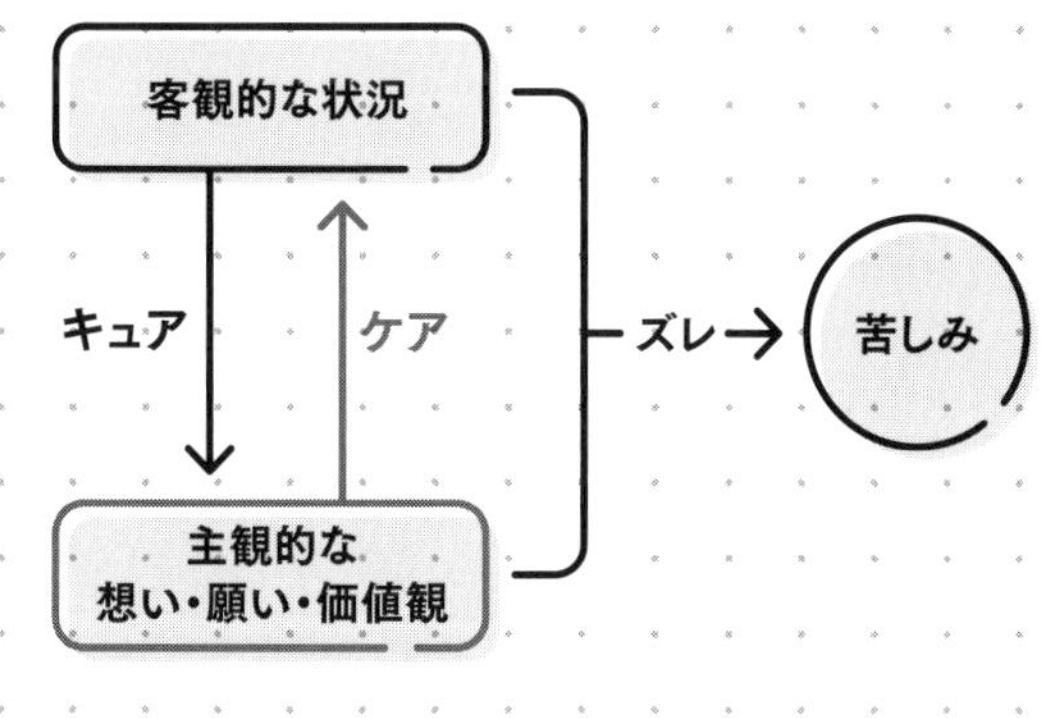


**図15**：苦しみは主観と客観のズレから生じる

医者の技術をもって手術を行ったり、リハビリを行ったりすることで、腕の骨が折れていた状況を変化させ、主観的な思い・願い・価値観の方に近づけることで苦痛を解消することができる。

しかし世の中には、この客観的な状況を変化させることができるものだけではない。AさんやBさんが持っているパーキンソン病もそうだし、がんの一部も治してしまうことが難しい状況はある。また老いや、そして死についても、それ自体を遅らせることは可能としてもいずれは迎え入れないとならないときが来てしまう。そういった状況によって生じる苦痛を緩和するもうひとつの方法が、主観的な思いを客観的な状況に近づける「ケア的アプローチ」である。仮に、客観的状況を変化させることができなかったとしても、「今の自分で良いんだ」「今の自分だから良いんだ」と、主観的な想いの方を客観的状況に近づけることができれば、それは医者が手術や投薬をするのと同じくらい、またはそれ以上の効果をもたらすことができるのだ。

そこで改めてAさんとダンス・ウェルの取り組みを振り返ってみよう。もちろん、ダンス・ウェルに参加したことでAさんのパーキンソン病そのものが良くなったわけではない。むしろ、時間が経過している中で病気としては進行しているはず。それでも、ダンス・ウェルに出会う前には自身の身体を「恥ずかしい」「見られたくない」とネガティブな感情で捉えていたAさんが、「自分の動きも悪くない」と思い始め、ついには映像作品に出演するまでに変わっていったということ。ダンス・ウェルのもつ「ケア的アプローチ」によって、Aさんの主観と客観のズレが解消されたことで、苦痛が緩和されたのだ。そしてその変化は、家族を含めた多くの人に影響を与え続けているといえる。

## 無意識の差別をこえていく

最後に、僕自身が東京都美術館でのダンス・ウェルに参加した時の経験を、なかむらさんにぶつけてみた。

「僕も、今回のように人前で踊ったり表現をするって初めての経験で、ちょっと抵抗があったんですけど、講師の先生をはじめ参加者の皆さんが生き生きと楽しそうに踊っているので、つられて参加することができました。でも、特に日本人だと恥ずかしがってしまって、参加するのに躊躇したり、動きが小さくて周りから浮いてしまうみたいな方も結構いらっしゃるのではないですか？」

「そうですね。ただ、動きが小さい人がいても、その人を煽るようなことはしません。それがその人にとっての『表現』なのだから、それはそれでそのままに『魅力的』じゃないですか。その時にもし、講師側が『もっと周りに合わせて動いてくれたらいいのに』って思いが浮かぶようなら、それは講師自身が『私ってそう感じてしまう人間なんだなあ』っていう表現者としての新たな発見につながるから、それもまた面白い」

「そのうえで、その小さな動きをしている方も含めて、場全体をどういう方向に持っていきたいのか？が、また新たなチャレンジにつながっていきます。参加者全体を大きく動かすような声かけをして、それにつられる形でその方の動きを大きくしていこう、とするのもひとつだし、逆にその小さな動きをしている方に全体を寄せていこうか、なんて考えることもできます」

なかむらさんがそう話されるのを聞いて僕は「自分の中にはまだまだ、無意識の差別」の感情があるのだなと気づかせられた。端的に言えば、「人を信じ切れていない」。多様な人がそれぞれの表現を楽しむ、ということよりも場全体の調和が乱れることを気にしてしまう人間なのだと。それはもう少し言えば「場の調和が乱れることで、他の参加者のみんなも嫌な思いをしているに違いない」と、他人の思惑を決めつけてしまうという意味でも、「他人を信じられていない」のだった。なかむらさんはまた、こうも語った。

「パーキンソン病の方々などが参加して体を動かしてもらうってことで、安全対策ってどう考えているんですか、ってよく聞かれるんですけど。もちろん参加者の安全を守ることも大切ですが、安全すぎて刺激が少ないのも面白くないですよね。パーキンソン病の当事者からすれば『病気だからこんな単調な動きしかできないと決めつけられているのではないか』と思われるかもしれない。でも逆に激しい動きの連続で『僕らはついていけない』って思われてしまうのも違う。日常の中に転がっている言葉とか動きからどのように表現を引っ張ってくるか、を意識しながら講師をやっています」

そして逆に、なかむらさんからひとつクイズを頂いた。

「イタリアでのダンス・ウェルの研修の際に『会場で転倒した人がいたらどうしますか？』という質問があったんです。それに対して、先生は何て回答したと思いますか？」

僕ら医療者からすれば、患者さんが転倒した、なんてことが起きればそれは一大事だ。すぐに駆け寄ってケガが無いか全身を確認するし、血圧や意識状態なども全部チェックして、場合によってはレントゲン検査、ＣＴスキャン、家族へ緊急連絡…と大騒ぎになる。でも、ダンス・ウェルの講師たちがそんな見方をするとは思えない…。僕が答えあぐねていると、なかむらさんは答えを教えてくれた。

「イタリアでは『日常生活でそういう状況が起きた時のように接しなさい』と教わります。ダンス・ウェルでは、講師がその場全体を支配しているわけではない、自由な空間なわけだから、そこで転ぶ人がいたとしてもその人は自力で起き上がれるかもしれないし。それが難しいとなったときに手助けすればいい」

僕はまた、頭をガツンと殴られたような気分にさせられたのだった。なかむらさんと黒田さんは最後に、

「『ダンス・ウェルのコミュニティって、社会の理想的な縮図みたいなものだよね』ってダンス・ウェル

石川のメンバーたちと話したことがあるんです。お互いに、自分さえよければばっていうのではなく、逆に不自由そうだからオーバーに手を差し伸べなければ、っていうのもない。一人一人が地域に共存して、お互いに影響し合って、それぞれの違いを楽しみながら、表現したいときは自由に表現ができて…っていうのが、もっと地域に広がっていけばいいなと思います。ダンス・ウェルを含めたアート活動が、そういったコミュニティが作られていくきっかけになっていくと良いですね」

と語られてインタビューを締めくくったのであった。

僕がそうであったように「無意識の差別」を超えていくことは難しい。差別意識がないようでいて、人は差別意識を心に育てているし、それは決して悪意の形ではなく善意の形でも表出されて他人を傷つけることがある。ダンス・ウェルを始めとしたアート活動は、こういった「無意識の差別」に気づかされるきっかけを作ってくれることに加え、アートの前における平等を、頭ではなく感覚で理解できるようにしてくれるところにも価値の一端がある。

「全ての人にアートが届くようにし、コミュニティをみんなで育んでいく」。社会的処方において、アートが果たす役割は重要である。

では、この章の最後に「働く」をテーマにした活動を挙げておこう。「社会のなかで生きること」、そのひとつの例として、アートを通じて人と社会がつながっていく、という話をこれまで取り上げてきたが、冒頭のタムタムさんやstudio FLATの話は「働く」という視点にもつながっている。「障がいを持っている方を働かせるなんて」という視線が、まだまだ社会のなかにあることと同様に、「介護を受けているような高齢者を働かせるなんて」という視線もある。しかし、高齢であっても、認知機能が落ちていたとしても、「働くことで社会に参加したい」と求める方々は大勢いる。実際、『令和5年版高齢社会白書』に報告された統計でも高齢者の就業率は年々上昇していることが報告されており、65歳〜69歳、70歳〜74歳、そして75歳以上の就業率は2012年にはそれぞれ37・1%、23・0%、8・4%であったが、2022年にはそれらは50・8%、33・5%、11・0%と大きく上昇している[14]。そして、こういった「働く」ことや、本などを読む知的活動、また地域活動などの社会参加の機会を多く持ち、そこでの「役割」を担えることは、高齢者が要介護状態となるのを予防したり、その状態から回復する手助けになること、また認知症の予防につながることなども指摘されている[15][16]。

ここでは、京都市右京区にある、「助ける介護から良くする介護へ」を掲げる「高齢者福祉施設 西院」の取り組みをご紹介していこう。



西院の主な事業は、介護保険にのっとった、要介護や要支援の方々への通所サービス。西院の施設としては居宅介護支援事業所と地域包括支援センターを受託している。デイサービスは1日に35名、365日開設し、土日だけでなく年末年始も含めて、本人・家族の支援をとぎれさせないようにしている。

この西院の施設長を務めていた河本歩美さんは、

「レクリエーションとかやる中でも、みんなに集団で同じことをしてもらうっていうのがおかしいように感じるようになってきたんです。活動の中で、利用者さん一人一人がいろんな力を持っているのが見えたり、表情の変化が様々だったりっていうのが見えるんですね。だったら、利用者さんがより楽しめるように、もっと面白いことをしたいと考えていて。そんなときに、ちょうど施設に入ってきてくれた作業療法士さんから『助ける介護から良くする介護へ』って言葉を教えてもらって、これでやっていこう！って話になっていったんです」

と語ってくれた。

そもそも「助ける介護から良くする介護へ[17]」とはどういう意味だろうか？　河本さんは、

「それは、その人の生きること、つまり生活機能を良くするという意味です」

と言う。利用者さんを「高齢者」「お客さん」とみなしてしまうと、職員が利用者さんより先回りして何でもやってしまう、端的に言えば「管理する」関係性が作られがちだ。

「例えば、利用者さんが朝来たときに『とりあえず座っていてください』って職員が言ってしまう場面がよくあるわけですよ。勝手に動かれてケガがあっても困るし、こっちの準備が整うまで座って大人しくしていて！みたいな。他にも、利用者さんが『寒い』って言ったら、職員が走ってひざ掛けを取りにいく、みたいなのが普通でした。でも職員のそういう言葉がけや行動が、利用者さんの自発性を奪っているんじゃないか、それは何でもやってあげる『助ける介護』なんじゃないか、って意見が職員から出たことがあったんです」

それに対して「良くする介護」は、利用者さんのできることやプラスの面にもっと着目して、できることをひとつずつ増やしていくことで、一人一人の自発性を取り戻し、自己実現につなげていこう、という考え方だ。

「職員からは、『動きを制限するのではなく、むしろ自由に動ける動線を工夫しましょう』って意見が出て、環境のほうを整えるようにしていきました。また、朝に利用者さんが来たら、『選べるレクリエーションボード』を見て、その日に自分がやりたいことを自分で選んでもらうようにしました。ひざ掛けとかも、今はなるべく自分で取りにいってもらっているし、行きやすいような環境を整えています。そのひざ掛けを取りに行く途中で、他の利用者さんと出会って話がはずんだり、他のことに気を取られながら…で全然進まないんですけど、それが人として『普通』のことだと思うんです」

このように、利用者さん自身の力を信じて見守り、本人の能力を活かした介護に取り組むことで「あっ、この方実はこんなこともできるんだ!」「こんなことに興味があるんだ」と職員が気づかされることも増えていったのだという。

## 「要介護」? 関係なく夢は叶えられる

高齢や病気などによって身体の機能が衰えてしまい、他人からの介護が必要となったとき、自分がしたかったこと、夢として願っていたこと、は諦めてしまう方が少なくない。「もう自分には無理だ」「こんな体で多くを望んでも迷惑になるだけだ」と。

しかし西院では、そんな思いを拾い上げて一緒に実現を目指していく仕組みがある。職員の発案で生まれた「夢をかなえましょう委員会」は、利用者さんのやりたいこと、そしてそれを実現していく意欲を引き出すことに取り組むための委員会である。

例えば、ある利用者さんが「富士山を見にいきたい」と言ったとき。車いす移動が必要な方々を、京都から静岡まで連れて山まで行くというのは大変だ。家族も、介護士たちもまず「できない理由」を考え始めるだろう。でもこの「夢をかなえましょう委員会」では、「めっちゃいいじゃないですか！富士山見にいきましょうよ！」ってなって、本当に職員でバスを借りて何人もの利用者さんと一緒に1泊2日の旅を実現させたのだという。

「そんな大規模のものじゃなくても『長年行けていなかった墓参りに行きたい』とか『友達と映画見にいきたい』とか『○○屋のウナギが食べたい』とか、そういったものも本人と職員が相談してひとつひとつ実現していっています」

そう語る河本さんに、

「でも、そんなふうに『〇〇がしたい』って利用者さんが言い出すことってそんなに無いのではないですか？　社会的処方の考え方にも『エンパワメント』といって、本人の強みや興味関心を引き出して伸ばす、といった内容があるのですが、そんなに簡単に引き出せたら苦労しないですよね」

という疑問をぶつけてみた。すると河本さんは、

「まず、『言っていいんだ』って環境を作ることですよね。そこで、西院では『夢のなる木』って、大きな紙に木の絵を描いて、そこに何人かの『やりたいこと』を貼りだして見える化してみたんですね。そうすることで他の利用者さんが『言っていいんだ』って思えるように。さらに、そこに貼られた内容が実際に実現されていくのも見てもらうことで、『ああ、ここで言うと本当にできるんだなあ』って思ってもらう、ってことを繰り返しやっていきました」

と、答えてくれた。

やってみたい！って利用者さんがいて、やりましょうよ！っていう職員がいるから、だんだんと「言っていいんだ」の文化が作られていく。「あの人が言うて、何かいい思いしてるみたいやから、うちのやりたいことも聞いてもらおうか」って感情が動く。自分一人だけではできない、とか家族に迷惑かける、って諦めていたことも、西院でなら職員さんたちが励ましてくれるから「やってみようか」って思えるようになる。その環境が、「俺も」「じゃあ私も」と、「夢を語らないと損する」的な連鎖を生み出していく。

そして職員の側も、「あの人がこんな夢を教えてくれた」って、希望を集めてくるのが楽しくなっていく。利用者さん本人も楽しいし、職員も嬉しいし、っていうそこはある意味対等な関係なのだという。

「買い物行きたいって利用者さんがいたら、またみんなで車で出かけて。後部座席がぜんぶ爆買いしたもので埋まって笑いながら帰ってくるんですけど。そうすると、今度はその買い物のために『お金を貯めよう』って気持ちになるんですよね」

このような「やってみようか」の心の動きの先に、西院が考える「はたらく」活動が生まれることになる。

## 「はたらく」こと＝生きるをつくること

西院には「はたらく活動」がある。企業などと連携した仕事をデイサービスの利用時間中に実施したり、デイサービスの中で自分ができることを活かした仕事をし、対価を得る活動である。

西院では、「対価を得る活動」「ハタを楽にする活動」「お互いさまの活動」の3つの活動を、広い意味での「はたらく活動」と考えて、利用者さんに取り組

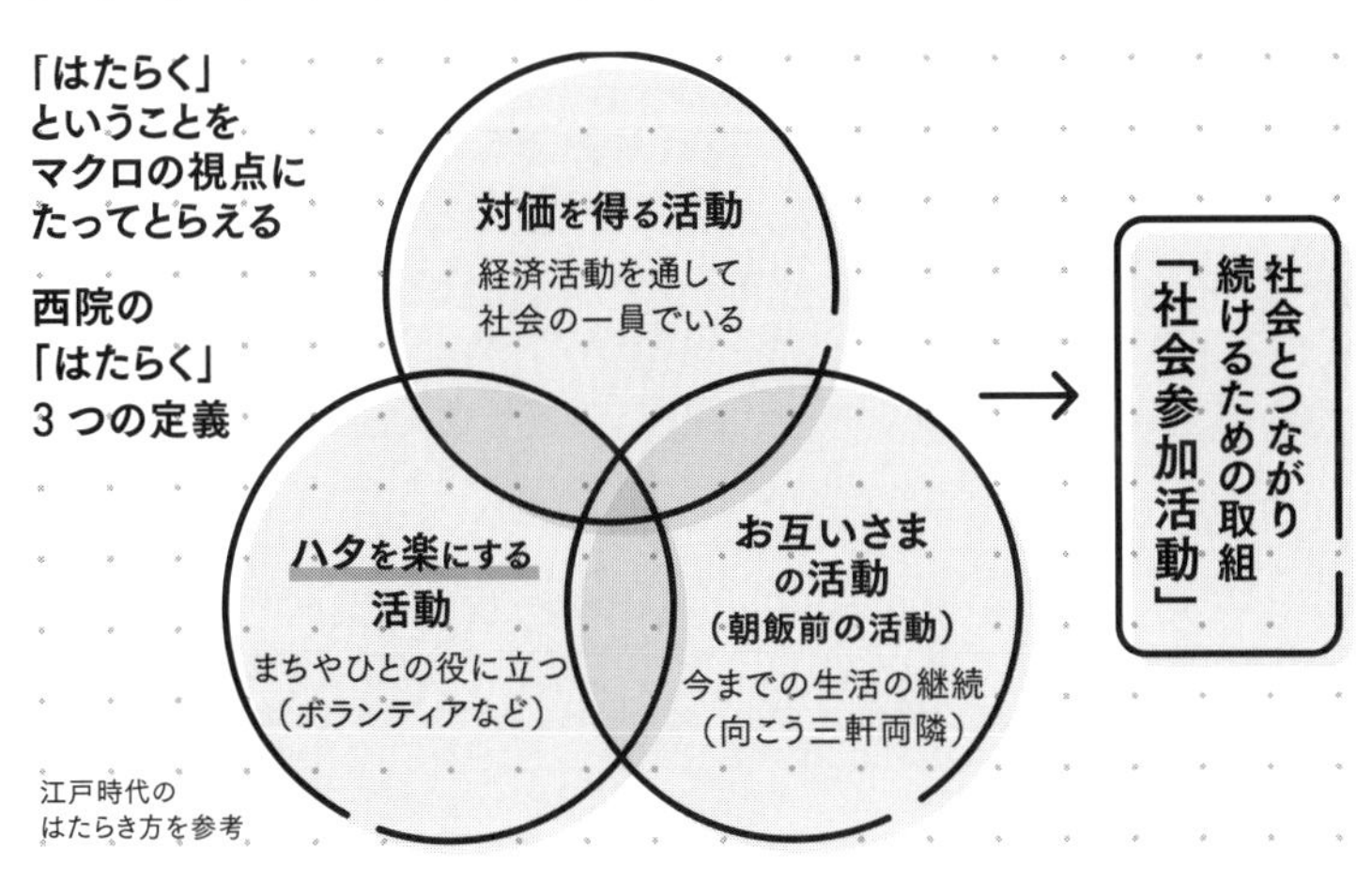


図16：西院の「はたらく」3つの定義

んでもらっている(図16)。そして、この「はたらく」を通じての一番の意義は「社会とつながりつづけること」なのだと、河本さんは語る。

「これまでも、利用者さんが色々と製作したものとかを、施設でのお祭りで販売してはいたんです。でもある時、結局それって『施設の内部』のことだけだなあ、って思ったんです。もっと、施設の外にも発信して、利用者さんと社会がつながっていく仕組みにしたい。そしたら利用者さんにとって、もっと楽しめて、面白いことができるんじゃないかって」

そうして、施設の外とつながるためにもっと本格的に商品開発をしたい、利用者さんの「はたらく」の価値をもっと盛り上げたい、という声が高まっていたときに京都のセレクトショップ・mumokutekiと一緒に仕事ができることになったのだそう。mumokutekiのコンセプトは「生きるをつくる」。生き方を肯定せず、否定もせず、高齢とか健常とか障害とかも関係なく、一人の人としての存在を支えるブランドでありたいと考えていたお店側に河本さんからオファーしたのだという。

そこで「どういった商品が良いですかね」、と相談していく中で「まな板」を作るアイディアが出た。まな板は常に身近にあって、手に触れられるもの。それで料理を作って、人と人とのかけはしとなって、生きていくための道具。「生きるをつくる」をコンセプトに掲げるmumokuteki側も、まな板は元々自前で製作したいと考えていたときであり、「それであれば西院の利用者さんにお願いしてみよう」という話でまとまった。

開始当初は、5名ほどがまな板の制作にあたった。利用者さんも最初は「こんな年になってまで働きたくないわ」とか「私なんかがそんなこと無理よ」と遠慮される方も多かったが、河本さんたちが「まあまあそう言わんと、やってみてください」って促していくと、「じゃあ、やりたい」と手を挙げて参加してくれる方々が増えていった。

「まず『はたらく』って意識を持ってもらうことが大事だと思ったので、チームで取り組んでもらったりとか、お揃いのエプロン作ったりとか、出勤簿にハンコ押してもらったりしてましたね。でも、ずっと取り組んでいるうちに利用者さんたちも商品に愛着出てきたみたいで、商品を抱きしめる人が出てきたり、自分たちが磨き上げたこのまな板が誰かの手に渡るってことを意識しながら仕事して、今はもう皆さん『私、働いてんねん』って言っていますね」

そうして制作されたまな板は、今ではプロの木工作家が驚くくらいのクオリティになっている。磨きの質だけではなく、デザイン性・実用性にも優れ、「おじいちゃんおばあちゃんが一生懸命作りました、買ってあげてください」なんて売り方は全く必要ない商品になっている。そして、その商品が並べられているところに、利用者さんと一緒に見にいくこともある。どんな風に並んでいるのか、いくらで売っているのか、誰が買っていくのか、ってところを見てもらうことで、「もっといいモノ作らなあかん」と、利用者さんの意識もまた変わっていくのだという。

また本人だけではなく、家族の側が変わっていくことも多いのだという。ある認知症をもつ利用者さんのご家族は、最初「お母さんがそんなして働くなんて、無理しなくていいのに」と心配そうだったが、後になって「やってもらって良かったです。まだこんなことができるんだ、って母を見直すきっかけに

**図17**：西院でまな板の制作に取り組む（写真提供：高齢者福祉施設・西院）

なりました」と言ってくれたのだという。また、働いて稼いだお金で美味しいものを家族に買って帰って家族が感動したりだとか、高校生のお孫さんが友達同士でお店に来て「うちのおばあちゃん、これ作ってん。ヤバくない!?」って盛り上がって帰っていくなどのエピソードもあったのだそうだ。

「ある利用者さんは『作業している時の写真を遺影にしたい』とおっしゃっていて。実際に亡くなられた時にはご家族が祭壇に、その方が作ったまな板や作業で使ったエプロンを並べられていました。利用者さんって、基本的に受け身の方々が多くて、この方も普段は大人しいことも多かったんですけど、ちょっとお試しで参加した方とか実習生さんとかには結構厳しかったんですよね。『もっとここをきちんとせんと』『ここの端はこうせんとあかん』とか指導したり。これは、私たちが誇りをもってやっている仕事なんだ、っていうのが表れていて、それがまたご自身の自信につながっていたんだと思います」

2018年からは、このまな板製作をはじめ、西院の「はたらく活動」を「sitteプロジェクト」として社会に発信している。sitteの名称には「sitteを通じて、より豊かな人と社会と人生の在り方を『知って』ほしい」という思いが込められている。要介護状態であっても、何もできなくなったわけではないこと。認知症であっても、できる環境を整えればやれることがたくさんあること。前むきに頑張ろうと、笑顔で人生を楽しみ、誰かの役に立ちたいと願う利用者の想いがあることを「知って」ほしい。常に実社会や地域とつながる運営を目指す西院デイサービスのwebサイトに、この文章は載せられている。2019年には、この「sitteプロジェクト」の取組みが、NHK厚生文化事業団が主催する「認知症とともに生きるまち大賞」を受賞した。東京国際フォーラムで開催された授賞式には、利用者さんが参加され、壇上

図18：お店に陳列された商品を笑顔で見つめる製作者たち（写真提供：高齢者福祉施設・西院）

で賞状を受け取り、インタビューに答えたとのことであった。壇上では、利用者さんたちが生き生きとこの活動の楽しさや真剣さについて語られていたそうである。

「はたらく」ことそのものが本人の誇りになる。

認知症になったり、高齢になったりしてできることがどんどん減っていくと、それによって自尊心も奪われていく。自分は守られるだけの存在で、何もできなくて…しまいには社会のお荷物になってしまっているのでは、とか考え始めたり。でも、この西院の取り組みのように「はたらく」機会があって、それを周囲が「いいね！」って応援してくれて、もう一度社会の中で誇りをもって生きていけるコミュニティを作っていけるのだ。

Tomohiro Nishi　SAIIN　REPORT

## 「参加」からはじめる

しかし、こういった華々しい成果がある一方で、疑問の声を受けることもあるのだという。

「私たちの活動の話をすると『でも、動けなくなった人とかはどうするんですか？』って聞かれることがあります。でもそういう疑問を投げかけてくる方は、「その取り組みを物理的に実行する」という思考に囚われてしまっているのではないかと思うんです。西院では実際に何をしたか、よりも『参加すること』そのものに意義があると考えています」

人間の健康状態や心身の機能、環境による影響の評価を、アルファベットと数字で表す世界共通の分類方式に「ICF（国際生活機能分類）」がある（図19）。

このICFの「生活機能」に関する部分を抜き出したとき、一般的に「心身機能／身体構造」→活動→参加の流れを考えることが多いのだという。

本来ICFは、生活機能とそれを取り巻く背景因子が互いに影響し合う相互作用モデルを採用しており、それぞれの因子に上下関係は無いはずだ。しかし支援者の多くが「この方は身体機能が弱い」→「だからこの程度の活動しかできない」→「できそうなことに参加してもらおう」と考えがち。そうなると、先

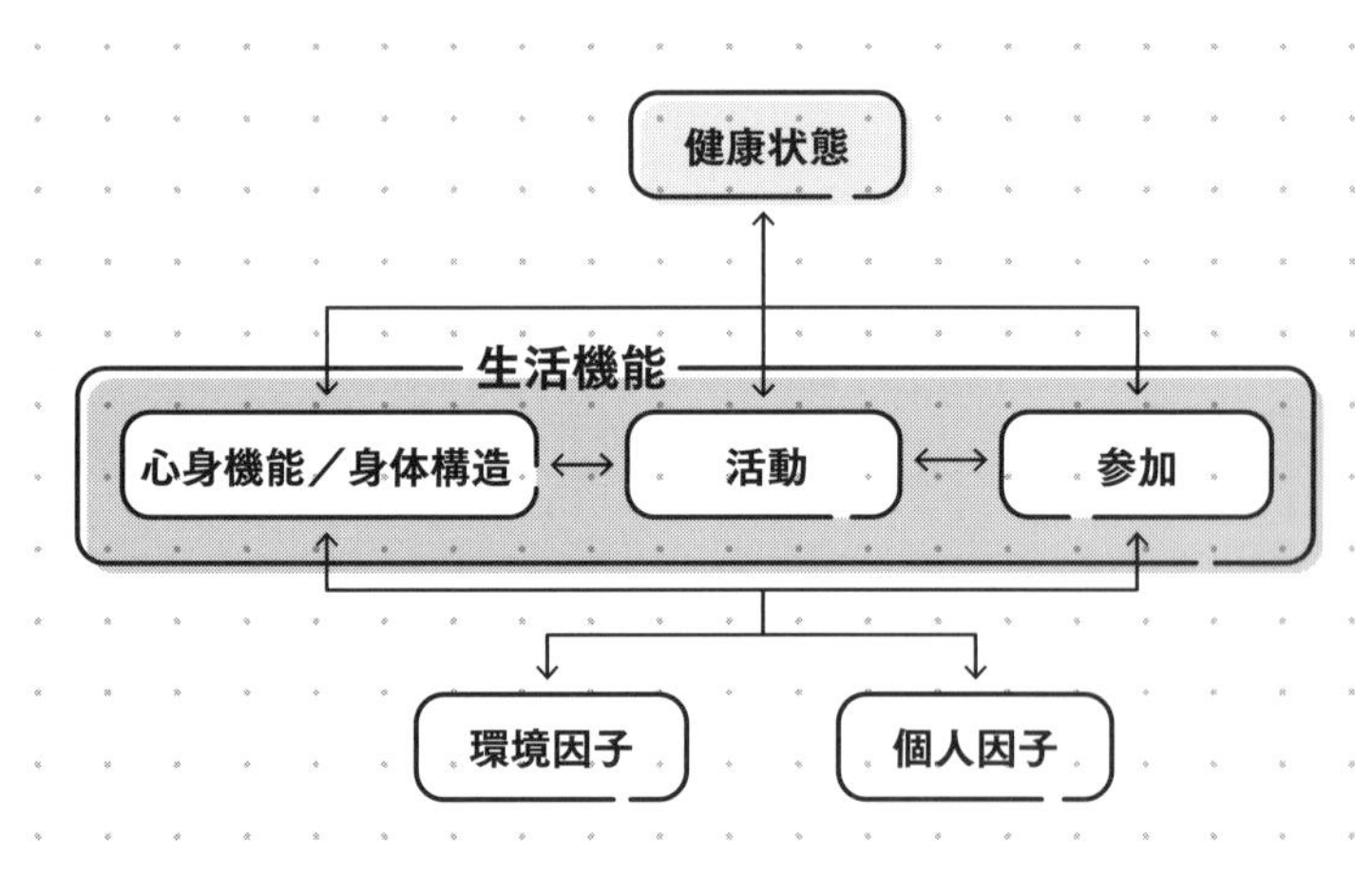


図19：国際生活機能分類（WHO）

入観で高齢者などの活動を制限してしまったり、参加の機会を奪ったり、または「まずは体を鍛えてもらわないと」という発想に行きついてしまう。

しかし一方で、まず「参加」ありきで考えるとすれば、「この方に『活動』に取り組んでもらうためには、どういった関わり方が工夫できるだろうか？」という発想になる。例えば、体が動かなかったとしても料理に詳しい方であれば、誰か別の方と一緒に料理に取り組むことで「その方の味」を作り出すことが可能となる。そのように「はたらく」ことが可能であれば、その方は誇りと自信をもって社会につながりつづけることができ、結果として心身機能が向上していくことも期待できるだろう。[17]

実際に、千葉県柏市などの取り組みで「モザイク型就労」と名付けられた、スキル集約型の働き方も提唱されている。「モザイク型就労とは、就労条件をスキル、時間、場所の3つに分け、それらを組み合わせること」と定義されており、例えば先ほどの料理の例で言えば「体が弱って動けないけど、オンラインで参加可能な、ホテルで総料理長を務めていたAさん」「体力と認知機能が低下し、長時間は働けないが素材の目利きと包丁さばきは誰にも負けない元板前のBさん」「料理の知識は無いが時間と体力は有り余るほどある若者のCさん」が組めば、Aさんの指示のもとでBさん・Cさんが協力して作る料理は、一流の料理人が作るものと遜色ない仕上がりにできるのではないか、という考えだ。[18] そんなに上手くいくはずがない、と否定するのは簡単だが、A・B・Cそれぞれ単独では絶対に生み出せないものを作り出し、「はたらく」ことに対して新たな可能性を示せるだけで意義はある。また、これほど複雑ではなくても本来は1人で1日かけて行うような仕事であっても、それを複数人で分け合って、チームとして取り組むことで、一人一人の負担が減り、「はたらく」ことへのハードルが下がるのだという。ちなみに、高齢者就労という文脈から少し外れるが、この「モザイク型就労」は精神疾患や対人関係に困難を抱える若者にとっても良い面がある。こういった方々は、これまでハローワークを通じて就労をしようとしても、書類審査や面接で落とされるケースが多く、自立をしたくても自立できない、という悩みがあった。そこで、中間支援組織が地元の農家や企業から直接仕事を請け負い、それを3〜4人のチームに振り分けて、助け合いながら働ける環境を整えたことで、少しずつ自立への道を歩んでいけるように支援している取り組みもある。[19]

いくつかの自治体では、この「モザイク型就労」をスムーズに行うため、東京大学先端技術研究センターが開発したジョブマッチングを行うアプリ「GBER（ジーバー）」を導入して就労の支援を行っている。これまで、高齢者の働き口は、「若者と同様のフルタイム」か「簡単にできる軽作業」が多く、さらに1人で全ての業務内容を完結できることを期待されるものばかりだった。「軽作業」の分類では、重機の取り扱いなど高度な専門性を求められる作業は行えず、働きたい高齢者にとって満足のいかない状況があった。かといって、毎日長時間働くのは体力的に厳しい。[20] しかも、そういった作業によって月に何十万も稼ぎたいとも考えていない。「年金に加えて、月に2〜3万円くらいでもあれば暮らしていける」という声も多いのだという。[21] それであれば、ひとつの仕事を一人でこなすのではなく、10人で割り振ってみんなで取り組む。一人だと8時間かかる仕事でも、10人でやれば3時間で終わり、その後みんなで買い物やお酒を飲みに出かけることもできる。お金がそんなに稼げなくても、やりがいや生きがい、活躍の場があって、社会とつながり続けることができることが重要なのだ。
そのためには、まず「参加する」ところをどのようにデザインするか、という発想が求められるのである。

## 就労とお金の問題

今回お話を伺った、西院の取り組み以外にも、全国各地の介護事業所などにおいて「はたらく」ことに取り組む事例は増えてきている。しかし一方で、「高齢者や認知症患者に労働をさせて、金儲けの道具にするのか」とか「自分で稼ぐ能力のある人が、介護保険を使ってサービスを受けるのはいかがなものか」といった声も上がっている。

そのため、厚生労働省からも平成23年に若年性認知症の方向け、という内容ではあるが「介護サービスを受けている方の謝礼の受け取り」に関する通知を出している。[22] この通知では、

**①当該謝礼が労働基準法第11条に規定する賃金に該当しないこと**

**②社会参加型のメニューを提供する介護サービス事業所において、介護サービスを利用する若年性認知症の方がボランティア活動を遂行するための見守りやフォローなどを行うこと**

※なお、ボランティア活動の謝礼は、若年性認知症の方に対するものであると考えられ、介護サービス事業所が受領することは介護報酬との関係において適切でないと考えられることを申し添えます。

と記載されている。ここで言う「賃金」とは、法的に厳密な解釈については議論のあるところだが、雇用契約を結んだうえでの労働の対価としての金銭を指し、ボランティア活動の謝金として受け取る金銭

は該当しない、として運用されていることが多い。

さらに、平成29年には同じく厚労省から『認知症の人の「はたらく」のススメ』、また平成30年には『社会参加活動の始め方』、そして令和2年にも『社会参加・就労的活動のススメ』という冊子・パンフレットが発行され、若年性認知症に限らず、多くの方々が介護サービスを受けながら「はたらく」活動に参加することを勧めてきている。もちろん、これら冊子の中で紹介されている多くの事例で、有償ボランティアとして謝礼を受け取っているものも紹介されている。[23]

ここで、『認知症の人の「はたらく」のススメ』の冒頭の文章が、「介護サービスを受けながら働く」ことへの疑問に対して、とてもすっきりとした回答をしているので、少し長いが抜粋して紹介したい。

---

こうしたことを思う背景には、2つの誤解・思い込みがあります。

ひとつめは、世の中にいる人は、「若くて健康で元気な人」と、「高齢者や病気や障害を持った人」の2種類にきれいに分けることができ、前者は働いて税金や保険料を納めて、後者を養ったり、保護するという考え方です。実際には、ある生活の場面では、サポートがないといけない人が、別の場面では、あっと驚く技術を見せたり、その人でないと果たせないような役割を果たすことができたりするという風景はごく普通に見られます。誰かのサポートを受けながらも、その人が誰かのサポートをするというのは、ごく当たり前のことであるにも関わらず、平均寿命が短かった時代に作られた制度や風習が、サポートをする人とサポートをされる人に2分する考え方を生み、再強化しています。

ふたつめは、はたらく=労働市場における賃金労働であるという考え方です。家庭や地域には、賃金報酬を伴わない仕事がたくさんありますし、賃金労働で正社員として働いている人が日々していることの中にも、飲み会の幹事やお茶だしのような契約内容には必ずしも含まれないような仕事もあります。求人情報にのっているような賃金労働という観念をはずして、「はたらく」を、誰かのため、何かのために日々することと広くとらえると、地域の中には、多くの仕事があり、できることがたくさん潜在しています。（もちろん、別の論点として、若年認知症の人で、フルタイムに近い形で会社員として働き続けている人も、数は多くはないものの、実際にいらっしゃいます。今後そうした形で働く人も増えることが期待されます）。

いま、日本では、こうした誤解や思い込みを乗り越えて、認知症の人と一緒にはたらくことを実践する試みが、広がりつつあります。誰かのサポートを受けることもあるけれど、誰かのためにしごともする。ここでしごとをする人々の暮らしは、人生100年時代の後半の新しいロールモデルかもしれません。

これまで見てきたように「はたらく」ことは、社会で暮らす人々の「社会に参加する表現のひとつのカタチ」である。お金を稼ぐことも、社会にとって有益なものを生産することも「はたらく」意義のひとつではあるが、それよりも本人にとって、社会とつながりつづけるために必要なものなのである。「活動」しなくても「参加」することが「はたらく」につながる、そういうカタチだってあって良い。

誰か他の人に支えられながらも、その人も誰かを支えることができる。その連鎖が続いていく中に「お互いさま」の文化がある。それは多かれ少なかれ、子どもから大人まで、誰しもが本当は「お互いさま」の関係性の中にあるはずなのに、私たちにはその構造が見えなくなってしまっていないだろうか。

日本の中で「はたらく」を通じて参加できる社会の実現は、高齢者や認知症のある方々だけに関係することではない。私たち皆が、その地続きの中にある課題なのである。

## 参考文献

1）松田文登・松田崇弥『異彩を、放て』新潮社、２０２２、p.133
2）WHO, "What is the evidence on the role of the arts in improving health and well-being? A scoping review" https://www.who.int/europe/publications/i/item/9789289054553（最終閲覧日２０２３年９月22日）
3）Creative Health: The Arts for Health and Wellbeing https://www.culturehealthandwellbeing.org.uk/appg-inquiry/（最終閲覧日２０２３年９月22日）
4）芸術・健康・ウェルビーイングに関する超党派議員連盟（英国）調査報告書『クリエイティブ・ヘルス：健康とウェルビーイングに寄与する芸術活動（要約版）』〈英語版〉https://www.culturehealthandwellbeing.org.uk/appg-inquiry/ 〈日本語版〉https://ncar.artmuseums.go.jp/reports/learning/wellbeing/research/post2023-352.html（最終閲覧日２０２４年１月３日）
5）共創の場形成支援プログラム https://www.jst.go.jp/pf/platform/（最終閲覧日２０２３年９月22日）
6）「共生社会」をつくるアート・コミュニケーション共創拠点 https://kyoso.geidai.ac.jp/（最終閲覧日２０２３年９月22日）
7）稲庭彩和子・伊藤達也『美術館と大学と市民がつくるソーシャルデザインプロジェクト』青幻舎、２０１８
8）とびらプロジェクト https://tobira-project.info/（最終閲覧日２０２３年９月22日）
9）とびらプロジェクト「『アートを介してコミュニティを育む』活動が全国的に広がっています。」 https://tobira-project.info/news/acl2022.html（最終閲覧日２０２３年９月22日）
10）museum start「あいうえの」 http://museum-start.jp/program/school
11）ゴッホとゴーギャン展 https://www.tobikan.jp/media/pdf/2016_goghandgauguin_junior.pdf（最終閲覧日２０２３年９月22日）
12）日本神経学会編「パーキンソン病診療ガイドライン ２０１８」https://www.neurology- jp.org/guidelinem/parkinson_2018.html（最終閲覧日２０２３年７月23日）
13）下倉久美「からだ全体で作品をあじわう―〈ダンス・ウェル〉の試み」『東京都美術館紀要』２０２０、No26、pp.5-17
14）内閣府『令和5年版高齢社会白書』 https://www8.cao.go.jp/kourei/whitepaper/index-w.html（最終閲覧日２０２３年９月29日）
15）Abe T, et al. "Healthy lifestyle behaviors and transitions in frailty status among independent community-dwelling older adults: The Yabu cohort study". *Maturitas*. 2020:136:54-59
16）Yuta Nemoto, et al. "An additive effect of leading role in the organization between social participation and dementia onset among Japanese older adults: the AGES cohort study". *BMC Geriatr*. 2017;17:297.

17）大川弥生『「よくする介護」を実践するためのＩＣＦの理解と活用―目標指向的介護に立って』中央法規出版、２００９
18）GBER Webサイト http://gber.jp/（最終閲覧日２０２３年８月２日）
19）NPO CROSS「いま、精神的困難を抱える若者にできる支援―就労との向き合い方、そして〈はたらく〉の始め方」http://npocross.net/info/（最終閲覧日２０２３年９月30日）
20）小竹朝子「超高齢社会のジョブマッチング」https://www u-tokyo.ac.jp/focus/ja/features/z0508_00004.html（最終閲覧日２０２３年８月２日）
21）KAIGO LEADERS お年寄りを困窮と孤立から救う―75歳以上が主役の「ばあちゃん食堂」https://heisei-kaigo-leaders.com/magazine/tour03/（最終閲覧日２０２３年８月２日）
22）厚生労働省「若年性認知症施策の推進について」https://www.mhlw.go.jp/stf/seisakunitsuite/bunya/0000167700_00002.html（最終閲覧日２０２３年８月２日）
23）厚生労働省「認知症施策関連ガイドライン」https://www.mhlw.go.jp/stf/seisakunitsuite/bunya/0000167700_00002.html（最終閲覧日２０２３年８月２日）

# CHAPTER 5

# 暮らしているだけで元気になれるまちをつくる

最近、「私たちは『冷たい行政』を目指します」という言葉をときどき耳にする。それだけ聞くと「どういうこと？」と気色ばむような言葉だが、要は「何でもかんでも行政職員が行ってあげることは良くないのではないか？」を意図しているとのこと。

例えば、「うちの家の前に空き缶が落ちているんですけど」「飼っているネコの具合が悪いんですが」「公園にいる子どもたちの声がうるさい」など、それらは行政職員が先頭に立って解決してあげるべき問題なんだろうか？　というものでも、とにかくきちんと、きれいに、早く片付けることが市民から求められてきたし、行政職員側もその期待に応えようとしてきた。しかし、そんなことを長年続けてきた結果、市民は「何かあったら市役所に電話すればいいや」「困りごとは専門の窓口に頼れるんだろう」といった意識が当然のこととして刷り込まれ、すっかり自分の頭で考えて自分で行動することを忘れてしまったようだ。よくよく考えたら、家の前に空き缶が落ちていて嫌なのであれば、役所に電話するより自分で拾った方がよっぽど早いし、ネコの具合が悪いなら近所にネコ好きの人がたくさんいるから聞けばよいだろうし、公園にいる子どもたちがうるさいなら自分で「うるさ〜い」と言って子どもたちとケンカすればいい（20世紀までのマンガに描かれた世界ってこんな感じだったよね）。でもいつの頃からか、「公共空間で起きている問題は行政の管轄」「そこを管轄する専門家が管理するほうが面倒くさくなく、効率的」、さらには「私たちは『税金』ってかたちでお金を払っているんだから、それくらいの『サービス』はしてくれて当然だろう？」という「社会のお客様でありたい」考えに取りつかれつつある。

では、その「効率性」「経済的合理性」に取りつかれたまちで暮らしてきた結果、僕たちは本当に「幸せ」になっているんだろうか？　行政の手が回らない路地はゴミだらけだし、公園はボール遊びも花火も禁止になって誰もいなくなるし、「うちのネコの具合が悪くって」と言ってもみんな関心をもってくれない。

　また経済合理性の視点から見たとしても、「税金払って行政サービスを」は理にかなっているのだろうか。確かに、「もっともっと行政サービスの質を上げろ！」と市民が望めば、細かいところまでどんどんと行政職員の手は伸びていくだろう。でも、家の前の空き缶拾うのに役所から行政職員を呼び出すって、貴族のようなお金の使い方じゃないだろうか。僕らは本当に、そんなお金の使い方をしたいと思っているんだろうか？　ニワトリが先か、タマゴが先か、の話のように「税金払っているんだから行政サービスの質上げろ」は「行政サービスの質上げるためにはもっと税金払え」の裏返しに過ぎない。そうやって行政に税金を食わせまくって肥え太らせ、結果的に「あれ、私たちの手元に残るお金ってこれだけ……？」となるのなら、本末転倒ではないだろうか。

　むしろ、これから必要なのは「行政のダイエット」であり、できるところは自分たちの頭で考えて何とかして、行政に頼らないことで税金もかからないようにする方が、長い目で見れば結果的に僕ら自身にもお金が残っていく。もう少し見方を変えるなら、僕らは行政から「わずらわしいことをする権利」を取り戻すべきなんじゃないか、と言える。本来であれば、僕らの生活の中にあったはずの、「まちに散らばるゴミに関わる権利」や「公園のいざこざに関わっていく権利」を行政に奪われてしまった結果、僕らは「自分が住むまちを自分できれいに整える権利」や「公園で自由に遊ぶ権利」をはじめとした、「自分たちの暮らしを自由に彩る権利」までも奪われてしまっていると言える。それら権利を全て取り戻していくことが結果的に、僕ら自身がまちなかで面白がれる生活につながっていくのだと思う。

## おせっかいのエンパワメントは意外と効く

「わずらわしいことをする権利」なんて、誰が欲しがるんだ、と思うかもしれない。しかし、その「わずらわしいこと」を「面白がりたい」人は、実際にはまちの中に大勢隠れていたりする。意外かもしれないが、何かちょっとしたきっかけさえあれば、「自分でも、こんなことならできますよ」「それだったら私も少しだけお手伝いしたいな」という方はいるのだ。そして、そういった方々が手をあげやすい文化がその地域で育っていくにつれ、それに感化された「無関心層」だった大人たちも「なんか、たくさんの知り合いがまちで活動してて生き生きしてて楽しそうだから、私も…」と手をあげるようになり、その影響は高校生や小学生にも及ぶようになる。

実際、市民活動が盛んな川崎市・武蔵小杉では、市民活動のハブとなる団体である「中原区ソーシャルデザインセンター」の取り組みの中で大人たちが交流会や転入者歓迎イベント、まちの宝探し隊などの活動を行っているところへ、小学生たちが自発的に参加して「川崎の未来に向けたまちづくり」に目を輝かせながら取り組んでいたりする。

3章では、こういった現象を「おせっかいのエンパワメント」と呼んでいたが、これは決してイギリス・フルームの取り組みだけのものではなく、全世界共通で同じような文化を作っていくことは可能なのである。

日本では他に、その名も「地域おせっかい会議」と称し、まち全体を巻き込んで「おせっかいのエンパワメント」に取り組んでいる地域がある。川崎の暮らしの保健室スタッフである石井麗子さんが1年間、その地域——島根県・雲南市に留学してきた内容を、彼女のレポートから見てみよう。

REPORT Osekkai-Kaigi Reiko Ishii

## 地域おせっかい会議の風景

ここは、島根県・雲南市にあるコミュニティナース（後述）の拠点。古民家を利用したその広間に、地域に長く住んでいるお母さんや近くに勤めるお兄さん、地区センターの職員さんやコーヒー好きなママさんなど、様々な方がいくつかのグループに分かれ、話をしている。

「みんなで気軽に集まれるお茶会を開きたいんです！」

「僕みたいな男性も参加しやすい雰囲気だと嬉しいな。」

「私、以前カフェで働いていたから力になれます！」

「週何回くらいやるの？　毎日じゃなかったらうちのガレージも使えるよ！」

地域おせっかい会議では、それぞれの参加者が知る情報や人のつながり・アイデアがリズムよく出され、進んでいく。まちの居場所や知られざる名人など、参加する住民の生きた知恵が光る「おせっかい」の名のもと、住民が持つ創造性を掘り出し、共感する仲間と共に広げていく。地元のローカル線を楽しむ方法を探す高校生や竹を有効活用して昔遊びする大学生、美味しい桜の塩漬けを作るベテランお母さんチーム、歌で外出できない人を勇気づけたいと考える歌手の若者、着物好きな女子、安全に遊べる川の情報を集めたいママさんなど…。所属する組織も職業も年齢も軽々と超えてつながりが生まれていくのが地域おせっかい会議の進め方だ。そして、会の最後には、話題を提供した「発案者」が、次の一歩となるアクション（行動）を宣言する。

図1：地域おせっかい会議の様子

## コミュニティナースと健康おせっかい

地域おせっかい会議では、誰もが立場や所属を超えたひとりの住民として参加することができる。暮らしの中でつぶやかれる希望や困りごとに耳を傾け、既存の仕組みやサービスの枠組みさえも超え、そのまちならではの課題解決・解消のアイデアや新たな社会資源につながる活動が日々生み出されている。そんな地域おせっかい会議を知るのに欠かせないキーワードは、「コミュニティナース」と「健康おせっかい」だ。

「コミュニティナース」とは、職業や資格ではなく実践の在り方であり、「コミュニティナーシング」という看護の実践からヒントを得ているもので、誰でもできる。その実践とは、地域の人の暮らしの身近な存在として「毎日の嬉しいや楽しい」を一緒につくり、『心と身体の健康と安心』を住民と一緒になって実現していくこと[1][2]。コミュニティナース一人一人が、その人ならではの専門性を活かしながら、地域の人や異なる専門性を持つ人たちとともに、その土地の文化風習と住民の思いに添う、自由で多様なケアを行うことを特徴としている。郵便局や喫茶店、魚屋さんなど「こんにちは、お元気ですか」と自然に声を掛け合える、身近な暮らしの動線となる場にコミュニティナースは居る。北は北海道、南は沖縄まで日本全国で、看護資格の有無に関係なく、自分の得意なことやキャラクターを活かした様々なコミュニティナースが活躍しており、大学生や高校生の活動も増えてきている[3]。

この「コミュニティナース」というコンセプトは、株式会社ＣＮＣ（以下、ＣＮＣ）により提言された。

ＣＮＣは、地域おせっかい会議の運営主体・事務局であり、「誰でも誰かの心と体の元気を応援できる社会」を目指し、島根県・雲南市を中心に日々邁進するパワフルな地方企業である。数百人規模の村から大都市までさまざまな地域でのコミュニティケアや社会的健康にまつわる事業、コミュニティナースの普及育成事業等を全国で展開している。一方で、「健康おせっかい」とはそのコミュニティナースの考え方を基に多くの人にわかりやすく伝えたものだ。こちらも誰でも取り組むことができる。地域おせっかい会議の中で行われているように、自分がしたいお世話ではなく、相手の望みや背景にある思いにしっかり目を向けることがまず基本となる。その上で困りごとだけではなく、暮らしの中にある「嬉しい・楽しい」という前向きな気持ちをつくる活動にはどんなものがあるかを一緒に考える。地域おせっかい会議には活動紹介のムービー※もあるのだが、これも会議の参加者の１人が「おせっかい」で作成したものだ。

## まちの身近な存在、郵便局がおせっかいのハブになる

地域おせっかい会議は、ＣＮＣとまちに住む有志の思いから始まった。地域包括支援センターなどが主催してきた、高齢者個人に対する支援の充実とそれを支

**※地域おせっかい会議の活動紹介ムービー**[4)]

URL：https://www.youtube.com/watch?v=0uXYFEq6xwU

える社会基盤の整備とを同時に進めていく「地域ケア会議」から発想を得て、健康おせっかいをまちにひろめる「地域おせっかい会議」と名付けられた。行政非公式な活動として始まってから数年、現在は市役所からの委託事業として雲南市全域への展開を目指し、毎年、市役所職員や保健師、市議会議員、地域自主組織など多くの組織と共に報告会や研修会を開催している。[5)]

地域おせっかい会議を雲南市全域に広めるために共に汗を流している組織はいくつもあるが、郵便局はその中でも重要な位置を占める。CNCは日本郵政と連携協定を結び、地域おせっかい会議における連携体制を組んでいる。

郵便局はいつも住民の暮らしのそばにある。郵便物を配送する、年金の受け取り窓口を担う、郵便局員は地元のことも住民のこともよく知っており、多くの人の変化に気づきやすい。

例えば、カウンター業務をする局員が、

「この男性、預金通帳を作成しにくるのはもう3回目になる…。話はできるけど覚えているのかしら？ずっと不安そうな表情をしているな…」

と、気づく。

またある時は局長が、

「あのご婦人は、毎月年金受給日に訪れるけど、以前に比べて明らかに元気がなさそうに見えるな…」

と、以前と違う様子に気づく。

そうした変化に気付いた時にもっとできることがあるのではないか。そう考えた雲南市の郵便局長は、コミュニティナースの研修を受け、さらに町内のいくつかの郵便局をハブとして各地区で地域おせっかい会議を展開し始めるようになった。地区によっておせっかいをやく事柄も多彩である。どのように多彩なのか、郵便局が中心になった事柄の一部を紹介する。

▼三刀屋（みとや）地区の郵便局は、商店の並ぶ通りにあり、入り口には大きなスロープと、展示会場にも使える程度の10畳ほどのフリースペースがあるのが特徴だ。ここでは、地域おせっかい会議で繋がった近隣の訪問看護ステーションと連携し、体力チェックや相談コーナーのある「まちの保健室」を開催することにした。さらに、郵便局へ来た人が立ち寄りやすいよう、健康情報の掲示も。そこへ、生活共同組合や市の食生活改善委員や牛乳の宅配会社、市役所も加わり、毎回さまざまな住民が立ち寄っている。ほとんど外出をしなくなっていた90代のご近所さんも散歩ついでに訪れ、棒をキャッチする体力テストでは若者並みの反射神経を見せスタッフを驚かせていた。

▼加茂（かも）郵便局は広い道路に面した、大きな窓が目印だ。局長の育てるメダカやゴーヤのグリーンカーテンも来る人の目を楽しませている。ここでは、コロナ禍で地区の花火大会や運動会が中止となる中、街の人を元気付けようと地域おせっかい会議で繋がった地元の人たちと協力し、窓全面を使ってウインドウアートに取り組んだ。有名アーティストに依頼することも案として挙がったが、何を目指したいのか、自分たちでできることは何があるのかの話し合いを経て、子育て支援センターや学童のスタッフ、地元

のこどもたち、中学校の美術部と協力する方針へ転換した。そして、3度のビッグアートで街の人の目を楽しませることができた。近所のご婦人も、花火や運動会の絵を嬉しげに眺め「次はなにかしら」と楽しみにしているそうだ。

▼温泉郵便局は、バスの通り沿いにあり、目の前にバス停がある。ややこじんまりした作りだが、クラフトアートの得意な局員が窓や壁を利用して住民の作品の展示や季節ごとの装飾・掲示を作成している。トイレットペーパーの芯を活用して花や鶴亀の装飾を作成していたが、資材が不足したり作業で手が痛んだりすることが出てきたため、地域おせっかい会議を通して資材や素材の協力を依頼した。その結果、竹灯籠を使ったイベントを開催しているNPOやフリースクール等、徐々に近所の団体とのつながりが増えてきている。温泉地区の交流センターとも関

図2：三刀屋郵便局：「まちの保健室」の様子

係を構築し、この地区ならではの取り組みを画策中だ。

これらの事例はほんの一部である。地理や関わる団体等の違いによりできることは異なり、「その地域だからこそできる」健康おせっかいがある。郵便局をハブとしたおせっかい会議の展開は、令和3年度はモデル3地区、令和4年度以降は雲南市全域での展開を視野にさらに広がりをみせている。

## 「共感・挑戦・ネットワーク」の実践支援プロセス

地域おせっかい会議の流れ自体はシンプルだ。健康おせっかい（事柄）を発案する「発案者」が、自分のアイデアや募集したいサポートを発表し他の参加者とブレインストーミングを行う。集まったアイデアの中で次に実行することを、発案者は会の終わりに宣言し、自分の健康おせっかいの実践に移る。そして、次回以降の会議で進捗報告を行う。

住民の実践支援プロセスとも言い換えられるこの流れのどの段階にも、住民の思いを後押しし、強みを増強する「エンパワメント」な視点が凝縮されている。これを行なっている「事務局」は、CNCのコミュニティナース含むメンバーで構成されたサポートチームである。現時点では、CNCがその中核を担っているが、将来的には、郵便局や各エリアの地域住民が担えるものになる予定だ。

**①発案者本人へのエンパワメント**

おせっかい案件の元となる「願い」や「実現したい思い」を持っている住民と出会い、その視点や思いの背景にあるもの、実現したい光景をできる限り具体化する。傾聴だけでなく積極的に耳を傾け住民本人の思いや得意を引き出す様子は、同席する者もワクワクとさせるものだ。そして、実施に向け、募集したい意見やアイデアを含む発表用シートを発案者と共に作成し、伝えたいことが明確になるよう後押しする。

**②グループへのエンパワメント**

「地域おせっかい会議」の当日や話し合いの際、事務局は自由な意見を発言しやすくするルールを共有し、ファシリテーションの役割を担う。そして、事柄を皆で磨き上げやすくするためのサポートをする。話されるテーマは事前にＳＮＳで地域おせっかい会議に参加予定の皆さんへ共有され、会議参加者は参加を希望する事柄への意思表示を投票できる。オンライン会議システムやウェブで共有できるふせんツールなど情報共有をより効果的に可視化するデジタルツールも駆使され、会議参加者が取り残されず意見を出しやすい工夫もなされている。

**③はじめの一歩の実践エンパワメント**

広報の協力や関心がありそうな住民への紹介などを行い、必要な繋がりへの後押しを発案者へ提案する。

## ④実践後のエンパワメント

実践してみての感想や発見、次回に向けての改善案等を振り返り、次の一歩を明確にする。挑戦・実践できたこと自体を成果として肯定的に讃える。これは、協力者とのネットワークを強めることや、スモールステップをいくつも積み上げていくことを意識した関わりがされている。また、実践後は発案者自身がその進捗を地域おせっかい会議で報告する機会をつくる。実践を端的に他者に伝える行為を通して、発案者自身が自分の実践に対する客観性や意義を感じとれるようになる。

地域おせっかい会議の中で起こる共感は 感情の共有を伴う情動的共感だ[6)]。発案者の思いを聞いた参加者に、「私もそう思う部分がある」という自分との共通項から応援の気持ちがおこり、仲間や協力者になっていく者も生まれる。「できたらいいね」という他人事から「私だったら…私もそうだわ……」という自分事として考えが変化していく者もいる。

挑戦を歓迎し挑戦をともに喜ぶ雰囲気づくりは、地域おせっかい会議の大きな特徴だ。コミュニティナースという新たな実践を住民皆で実現しようと切磋琢磨するCNCだからこそ、仲間との挑戦は重要なものなのだろう。個別のやり取りの中では、アクティブリスニングやコーチング、ファシリテーション等の様々なコミュニケーションスキルもみられるが、発案者となる住民が「実践できる人である」という信頼とそれをエンパワメントする姿勢が基本にある。困難にぶつかることや多少の失敗も実践の成果と捉え、「では、どう対応して進むか?」という視点で目的地はブレない。そのため、健康おせっかいの実践の障害となる出来事やトラブルに遭遇した際にも、関係者は「何があれば対応できるか」という創造的な対応策を話しやすくなる。住民個人、そしてコミュニティとして取れる選択肢を自ら増やす考え方になっていくのだ。

それぞれのおせっかい案件でチームを組んだ住民は、実践プロセスの中でそれらを体験するため、視点や対応力は自然と磨かれ、主体性も育まれていく。また、共感した相手が健康おせっかいに挑戦する姿を見ることで、協力者にも「自分にもできることがあるのかな？」と考えるきっかけが生まれる（挑戦が伝播する）。誰かの健康おせっかいの実践が、他の参加者の身近なロールモデルとなり間接的に挑戦する意欲が育まれるケースもある。

おせっかい案件の経緯を知らない場合も、その実践から「ワクワク」や「好きなこと」が伝播し、「私もやってみたい！」と刺激される。楽しいから、と参加するうちにいつの間にか元気になっていたり、他の誰かのためになる役割を自然と担えるようになっていたりする（ワクワクの伝播）。一貫して暮らしの中にある身近な出来事や気持ち、そっとつぶやかれた声を大切にしているからこそできることである。

## まちへ飛び出し声を拾い続ける事務局

地域おせっかい会議のスタッフが事務局にいることは少ない。まち中を駆け回り、住民さんを訪ねるのが日常だ。もともと、様々な場所やイベントに顔を出しているため、まちを歩くだけで「あら、こんにちは！そういえばこの間こんな話を聞いたんだけど」などと声をかけられ、事務局スタッフの周りにはいつの間にか人が集まることも多い。

子育て支援センター、地区センター、地域自主組織、中間支援のＮＰＯ法人、コワーキングスペースのマネージャー、民生委員、食生活改善委員、商工会、魚屋さん、寿司屋さん、お寺の住職、大学生…暮らしの中にあるつながりは実に多様だ。人のネットワークからつながるおせっかい案件も数多くあるそうだ。

さらに、地域おせっかい会議には、毎月参加者が集まって開催される「集合型おせっかい会議」の他に、事務局スタッフであるコミュニティナースが自らまちへ飛び出して話を聞きにいく「飛び出す型おせっかい会議」もある。例えば、こんな場面だ。

雲南市にはコウノトリが生息する地域があり、その近所の地区センターには布製のコウノトリが飾られていた。「コウノトリを地域のお祭りに合わせてキレイに修繕したい！」という地区センターの方の声を聞き、事務局スタッフは近所の「おせっかい会議サポーター」と共に地区センターへ出向き「飛び出す型おせっかい会議」を開催した。

会議が始まるや否や、早速、地区センターの方から話が始まった。

「急がないけども、お祭りまでにコウノトリをキレイにして復活させたいと思うんだよ。ずいぶん古びて色褪せちゃったからね」

「材料も地区センターにはあるんですけどね」

そこへ、同席していたおせっかい会議サポーターの方がタイミングよく合いの手を入れた。

「私、地区の係もしてますから、ママさんたちに声かけられます！手芸得意な人もいたような…」

さらに、事務局スタッフも地区センターの方の気持ちを後押しする。

「近くの人たちが集まればすぐできそうですね？　私も一緒に作りますよ！」

「そうか、助かるね。いいね。じゃあ、いつがいいかな。」

話はとんとん拍子に進み、「急がない」はずだった修繕は翌週末にさっそく実行された。

もはや、動く事務局である。待っているだけよりも、自ら動く方が多くの人に出会え、住民のつぶやきを拾うことができる。ルールに縛られ過ぎずに住民の声を拾いやすい環境に率先して合わせていく柔軟さも地域おせっかい会議の特徴のひとつである。コミュニティナースがまちの人の暮らしの動線に自ら出ていくように、まちなかで起

**図3：修繕前のコウノトリ（上）と修繕後のコウノトリ（下）**

きていることを知るには、まちに出ることが大切だ。住民の慣れている環境へ自ら出向けば、より自然な形で住民の声を聴け、その人の思いや得意分野を改めて知ることも多くある。

## 社会的処方の視点からみた地域おせっかい会議

地域おせっかい会議の中では、「社会的処方」という言葉が改まって登場することはないが、その実践の中には社会的処方において重要な3つの理念（人間中心性・エンパワメント・共創）が根付いている。

まず、おせっかい会議では肩書きは語られない。年齢がいくつであっても、どんな職業の人だとしても「発案者」は、まちに住むひとりの人として健康おせっかいを考えることができる。発案者は、社会システムの中でなにか支援する側である「支援者」でも支援される側の「お客さま」でもなく、「叶えたい思いを持ちながらまちに住んでいる人」だ。そして、その人が大事にしたい価値観や願いが、地域に必要なアイデアや資源が生まれるきっかけとなっている。まさに「その人ならでは」の特技や価値観が活かされる場だ。

共創もまた地域おせっかい会議のプロセス全体に浸透している。参加者それぞれの価値観やアイデア・得意なことがより見えやすくなるように会議での話し合いでは心理的安全性の担保に加えて、参加者の意欲を高める工夫がいくつもある。例えば、話し合いの中でアイデアが浮かばなくても他の参加者のアイデアに「それいいね！」というリアクションを大きめに返せばOKというルール。肩書きを外して参加できることも、その場にいる参加者同士が平等で、共にアイデアを練る仲間だと感じやすくさせてくれる。参加者の視野やアイデアの視点が広がっていきやすい環境に後押しされ、実践する側も参加する側も楽しみながら一緒におせっかいを作り上げることとなる。

だからこそ、これまでの枠組みでは実現しなかったこともここなら実現できるのでは、と感じたさまざまな人が集まる。例えば、

「自身の所属する組織では制限があり、届けたいケアをできないモヤモヤがある…」

と悩む人もいれば、

「若い世代の人とも一緒に新しい方法を考えたい」

と新たな視点や価値観を求める人もいる。

また、地域おせっかい会議の社会的処方としての一定の価値はいくつかの論文で示されている。地域おせっかい会議の関係者へのインタビュー調査では、様々な地域のステークホルダーが組織や職域を超え地域の課題を議論するきっかけとなっていたことや、コロナ禍においても多世代あるいは多様な住民間での地域のつながりを再構築していたことが明らかになった[7]。また、参加者や市民を対象に毎年行われるアンケート調査の分析によれば、地域おせっかい会議への継続的な参加が、高い社会参加とつながり、孤独感が有意に減少したと報告されている[8][9]。一方で、単なるつながりがあることではなく「ど

のようなつながりがあるか」というつながりの質についてさらに焦点を当てる必要があるとも報告されており[10]、現在も研究が進められている。

健康おせっかいの実践は、発案者自身や周囲で応援してくれた人との信頼関係の構築にも寄与している。「私は、私の望む暮らしを求めて良いのだ。足りないものはこのまちで、一緒に考えて創っていける人がいる。そういう仕組みがある」という、まちや地域コミュニティに対する信頼（ソーシャルキャピタル）の醸成にもつながっていくだろう。さらなる検証で地域おせっかい会議の価値が明らかになっていくことが楽しみである。

## やればやるほど楽しいことが大きくなる

「楽しさ・ワクワク」を原動力として推進していく健康おせっかいは、住民の自主性を高め、新たな住民を巻き込み、どんどんひろがっていく。これはAARサイクルの考え方と合致する。AARサイクルとは、Anticipation（未来への期待・見通し）を基にAction（行動・実践）し、Reflection（振り返り）を経てAnticipationに戻り、拡大しながら繰り返される学習プロセスだ（**図4**）。自らの思考を改善し、コレクティブウェルビーイング※に向かって意図的に、かつ責任をもって行動するため、OECD Learning Framework for 2030（次世代に向けて示された新たな学習枠組み）で述べられたものである[11]。このAARサイクルは近年、まちづくりやケアプロジェクトの文脈で語られることが増えている。

※コレクティブウェルビーイング：ウェルビーイングが個人の身体的・精神的・社会的に充足した状態である（幸福とも言う）に対し、ある特定の目的のもと集ったグループやコミュニティ全体が充足した状態のこと。

一般的には「ＰＤＣＡサイクル」がよく知られているが、これは元々製造業など正確に情報や手順を反復・検証することを重視される分野で効果を発揮していたものである。地域活動においても、このＰＤＣＡサイクルを用いて計画を立案する事例が散見されるが、コミュニティのような予測が難しく不確定な要素が多い分野では効果を発揮しづらく、むしろチェックを前提とした目標設定からサイクルが縮小し、本来目指す目標に到達できなくなったり、新たな改善策を創造しづらくなったりすると言われている[12]。

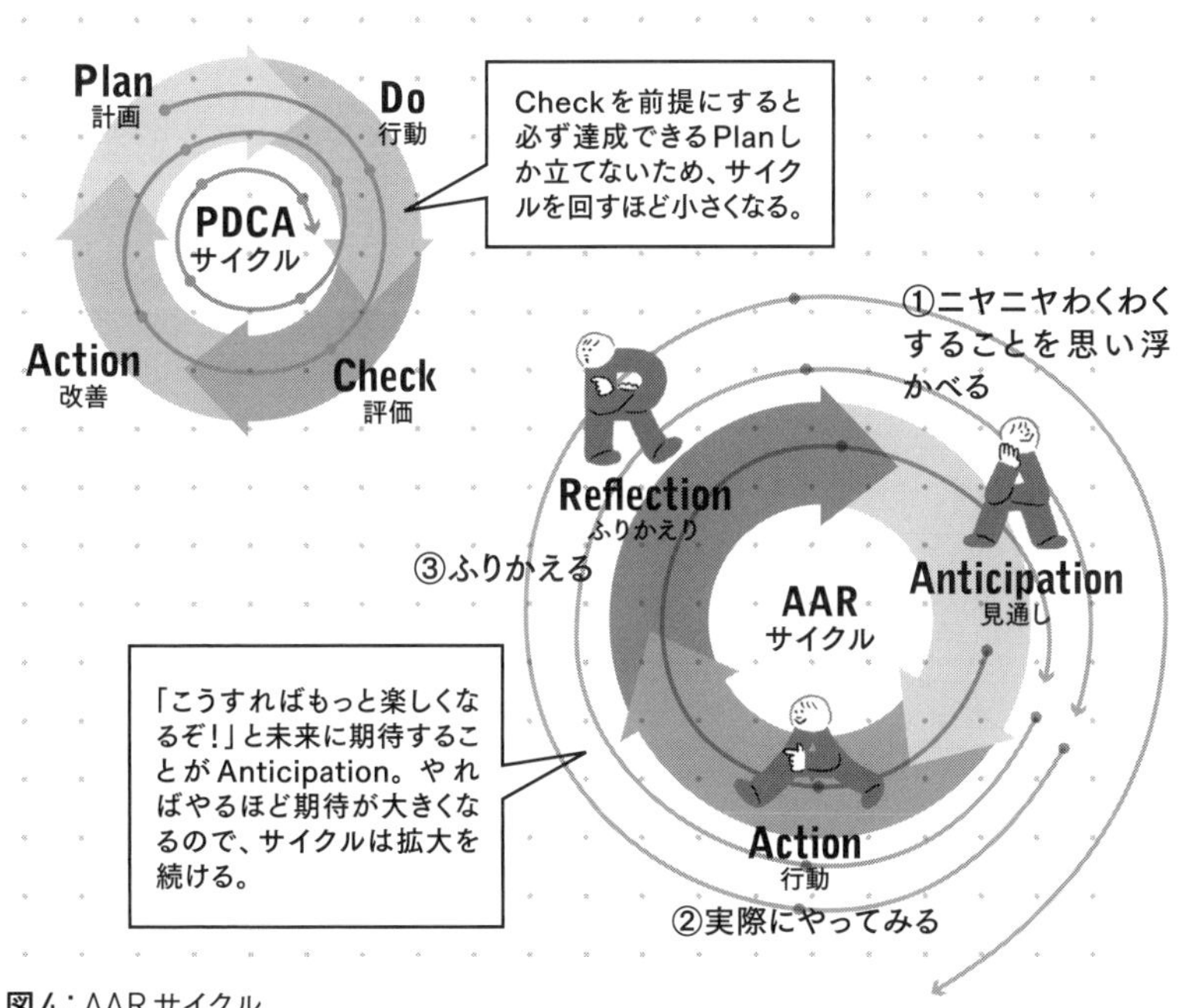


**図4**：AARサイクル
参考文献『ケアする人のためのプロジェクトデザイン』P.76より

地域おせっかい会議の、「実現したい思い」や「ワクワク・楽しさ」に焦点をあて、まず行動（実践）してみること、また、困難に対応する力や自主的に行動する力を育むプロセスは、AARサイクルを反復することで獲得される「新たな価値を創造する力」、「対立やジレンマに対応する力」、「責任ある行動をとる力」に共通している。AARサイクルは、学習サイクルとしての地域おせっかい会議の仕組みを裏付けるものであり、具体的実践事例のひとつとも言えるのではないかと考える。

はじまりは、自分の「あったらいいな」を声に出すことだけ。街角でよくおしゃべりするあの人、信頼できるお友達、そんな小さなところからでもはじめられるのが健康おせっかいである。本項では島根県雲南市の地域おせっかい会議について紹介したが、その魅力は他の地域にも伝わり、次々と実践が始まっている。例えば、愛知県では現地のコミュニティナースと企業・自治体が協働し2022年からSIB（成果連動型）介護予防事業「ずっと元気！プロジェクト」内で地域おせっかい会議の定期的開催が始まった。また、青森県でも、地元企業がCNCと連携して地域おせっかい会議をオンラインで開催し、全国のコミュニティナースと青森の住民が話し合うイベントが開催された[13]。

## おせっかいが育む優しい目

島根で出会った、ある人の言葉が印象に残っている。

Rさんは、自宅のそばにある空き地で子どもたちが安全に遊べないか、と地域おせっかい会議に声をかけてくれた。元々子どもの支援をする団体でも活動してきたRさんは、こう言っていた。

「おせっかい会議を知らなかったら、『私の土地に入らないで！』って言ういじわるな人のままだったかもしれない。今は、どうやったらみんなに楽しく安全に使ってもらえるかって考えるのが楽しい」

おせっかいという言葉がもっといろいろな言葉で語られたら嬉しい。

「あの人のおせっかいがあって、今の私が居るのよね」

だったり、

「こんなおせっかいしてもらえて嬉しいな」

だったり。まちの人が気負わずできるおせっかいが増えていくことは、まちの中に人を気遣う優しい目線が増えていくということでもある。まちに住む私たちが動くからこそ、あたたかく素敵な風景をたくさん見つけていけるのではないだろうか。この章を読んだあなたの心にワクワクした気持ちが生まれていたら、地域おせっかい会議の第一歩はもう始まっている。あなたのまちならではの健康おせっかいをたくさん見つけに行こう。

Reiko Ishii

Osekkai-Kaigi

REPORT

それでは次に、長野県・軽井沢町にて建築およびランドスケープデザインの中で、好きなことをする仲間たちとして自然と出会える環境を整えてきた、福祉環境設計士・藤岡聡子さんたちの「ほっちのロッヂ」のレポートをご覧いただきたい。

REPORT　Hocchi-no-Lodge　Satoko Fujioka

## 診療所とまちの居場所が複合された「ほっちのロッヂ」

長野県・軽井沢町にある「ほっちのロッヂ」は、診療所、通所介護施設（デイサービス）、病児保育の機能をもち、この地域の訪問看護、訪問診療の拠点となる施設…。「制度上」はそうなってはいるが、つくりたいと考えてきたのは、「ケアの文化拠点」。つまり、様々な背景を持つ人たちが混ざり合って流れ続けることで人が惹きつけられ、まちの文化が生まれていく起点になりたい、と考えてこの場を作ってきた。

筆者はこれまでも、年齢や状態、何かしらの症状で切り分けられることなく、町に住まう人たちの「好き」が集まる起点を作りたいと思ってきた。10年近くこの考えを色々な人に話すも、絵空事だと全く相手にされなかったのだが、「それは面白い！」と初めて面と向かって嬉々とした顔を見せてくれた人間が、紅谷というたまたま在宅医療を得意とする医者だった。そんなわけで「ほっちのロッヂ」が、診療所という機能を有する形に至ったのである。冒頭から読者を驚かせたいわけではないが、物事はこうして人の出会いと偶然が生み出す産物でもあるのだと思う。

私の思考は最初にイメージ(想像)が先行する。イメージを具体的に持続的に、そして出会った仲間の得意なものを掛け合わせて事業を作ってきた。私が2010年に大阪で50人規模の住宅型の有料老人ホームを友人と立ち上げた時から、「高齢者だけがいる老人ホームをつくる」のではなくて、「地域に開いた場所をつくろう」って話をしていた。月に1回訪問者が来て、形式的に歌われる歌を聞くのではなく、夕方に子どもたちが、ただいま!おかえり!その掛け合いが毎日続くような日常で、毎日何かしらの関わりしろがある、そんな環境をつくりたいなと思ってきた。イメージの中心には「顔が浮かぶ人がいるかどうか」、その人たちが「いかに心地よく暮らしていけるか」を置いてきた。

ただ、私が身を置くようになった医療介護福祉の分野は、私自身が考えるイメージとはかなり反対の状況になっているのでは、と感じることが多い。その人がいかに心地よく暮らしていけるかを願い考えているにも関わらず、非常に煩雑な制度の元に細かな記録や作業や多くのものに日常的に追われ、暮らしの支え方がどうしても断片的になっていくことを、多くの有資格者は一度は感じたことがあるのではないのだろうか。

この分野の一般的な考え方と私が違う点を挙げるとすれば、人の暮らしについて「虫の眼・鳥の眼」を行き来していることだろうか。一人一人の人の暮らしに焦点を当ててはいるが、実は見ようとしているのはその住まうエリア全体のことでもある。

本書の「社会的処方」という言葉を私なりに砕いて表現すると、人の暮らしに対して「虫の眼・鳥の眼」を行き来して見つめることなのではないだろうかと考えている。

## 発地(ほっち)にある森小屋を起点に

長野県北佐久郡軽井沢町は、人口約2万人。標高1000メートルの高原に位置し、1年の半分をほぼ冬の気温の中で過ごす暮らしである。町は古くは江戸時代から宿場町として多くの旅人を迎え入れ送り出し、馬の産地、旅人の馬の預かり場としても名を馳せた。避暑地として知られるようになった後も、町内の各地での暮らしは堅実で、変わらず多くの滞在者を迎え入れてきた。一方で農地としての土地利用は不毛な場所も多くあったようだ。農地を持つ地区はあらゆる試みを重ね、農耕機が普及するまでは、馬や牛など家畜と共に循環型の農作業を実践していたようだが、その様子をありありと思い出せる人は少なくなっている。忘れさられゆく世代の、それはそれは涙ぐましい努力と工夫のおかげで、今日のように高原野菜を育み、長野県東信エリアの台所を支え続けている土地なのである。

その農地の多くは、「発地(ほっち)」と呼ばれるエリアに広く広がっており、筆者の現場はこの発地にある。さて、この発地の歴史にじっくり浸りながら、どんな人と、どんな出会い方をしようか？　と考えたわけである。

２０１７年夏に「ほっちのロッヂ」の構想を考え始め、２０１９年4月から２０２０年3月の全事業開業までの期間、「ほっちのお茶会」と称し、１００名以上、全世代の方たちと語らいの場を持ち続けた。時にはお寺でご住職と、時には消防団の方たちと鍋を囲んで語らい、どこで誰が何に幸せを感じ、生きがいを持って、そして苦しみを抱えている事柄に耳を傾けつつ、住まう人たちの暮らしやすさについて働き手と時に遅くまで話をしていたことも少なくない。

２０１９年9月に訪問看護を1つ目の事業として開始した際、初月は訪問看護の依頼よりも、町中で農作業の手伝い要員として活動する時間が圧倒的に長かった。この時期は、冷静に振り返ると明らかに経営危機ではあったのだが、こうして働き手（職員）一人一人が自分自身と町の動向を身をもって知る時間がもてたことで、訪問活動という、事業所と対象者の家を行き来する点の動きが、最初から立体的に捉えられるようになった。

診療所といえども、人の暮らしの一部を担うに過ぎないという極めてシンプルな事実を大切に小脇に抱え、より人の暮らしの全体性を捉えることに働き手が自然と立ち回ることができる文化が始まっていった。

こうして２０２０年4月、発地にある森小屋、「診療所と大きな台所があるところ ほっちのロッヂ」が小さく産声を上げたのだった（**図5**）。

ほっちのロッヂから道を挟んで真向かいにある学校には、3才から15才の約３００人が通う。授業の一環や放課後にひょこっとほっちのロッヂをのぞくと、その建物ではあちこちでいろんなことをやっている人がいて…、そこに近づいていくと顔が見える状態で、他の子どもたちだけではなく、医療者も高

**図5：ほっちのロッヂ全景。2022年、「コミュニティづくりの取り組み・活動」としてグッド・デザイン賞を受賞**（写真提供：ほっちのロッヂ）

齢者も、障がいや病気があるとかないとかも関係なく、いろんな人がいろんなことをやっているから自分もそこに混ざって何かやってみようかな、という関係ができていく…。ほっちのロッヂはそんな「関わりしろ」にあふれる場である。その「関わりしろ」を作るために、森に囲まれたほっちのロッヂは、あえてでこぼこが多くある造りになっており、その一角一角が「居場所」になれるようにデザインされている。

それは、建物の内部も同様で、福祉施設にありがちな「みんなで集まってレクリエーションをする」ような、だだっ広い空間を作るのではなく、4畳半から広くても8畳くらいの小さな空間の連続になっている。子どもたちが走り回っていることもあれば、静かに本を読んでいる人もいる。奥の部屋ではお婆さんと子どもが一緒になって、おもちゃを作っている…。それぞれの空間は何をするか予め決められているわけでもなく、ほっちのロッヂを訪れる人たちが「症状や状態、年齢じゃなくって好きなことをする仲間として出会おう」という合言葉が少しずつ実現されている場所なのである。

## 私たちは人の何を捉えているのか

例えば子どもに対して、同僚に対して、ケアが必要な人に対して。私たちは全ての対象者に対して、同じ顔や同じ仕草、同じ言葉を使ってコミュニケーションを取ることはほとんどないのではないだろうか。目の前の対象者との共有言語や共通項を探しあてつつ、応答を繰り返しているように思う。つまり、人はたった1つの側面では語り尽くせないほどの多様性を持った存在であるということだ。私自身は、その人その人との関わりの中で「言葉」として表面化されてくるものは実は非常に表層的なものだと考えている。

例えば、目の前の人が熱心に話をしてくれているが、「その行為はその人のたった1つの側面でしかない」と捉え直した時、なぜその言葉を選んでいるのか、何がそのように関心を向けさせているのだろうか？　など、その人の暮らす環境要因を絡めて考えてみないと、全体性、そして本当の理由は見えてこない。

また、この視点は私たち働き手の側にもいえることである。医療介護福祉の分野は専門性の集合体ではあるが、それらの資格にしても、私たちを構成するたった1つの要素でしかなく、私たち全てを表すものではないのだ、とも言い換えることができるだろう。医者である前に、看護師である前に、介護士である前に、どんな人生を歩んできた人間で在ると言えるだろうか。「私たちは何者で、その人の何を見ているのだろうか?」。これは、私たちが常に働き手同士で投げかけ合う言葉である。

## 自分の関心のあることに掛け合わせていく

私なりの社会的処方のあり方は、「自分の関心のあること」、「町・エリアの動き」、「目の前の人の関心のあること」を掛け合わせていくものと捉えている。自分自身に対しての投げかけと同様、自分が活動する町に何が点在し、それは誰を幸せにできるだろうかと考えていきたい。例えばこんな図で表現できる(図6)。

このとき、大抵の人は「町・エリアの動き」もしくは「目の前の人の関心のあること」に注力する傾向があり、自分の関心について無関心になってしまう。住民が、クライアントが、今のトレンドは……こうも判断軸を他者に委ねていては、愛着もあったものではない。人の幸せは願うのに、なぜ自分の幸せや、やり甲斐はおざなりにしてしまうのだろう?

資格すら自分の一部である。自分の真ん中を貫く関心ごとは何だろうか? という問いから始めて、自分なりの活動する場に対して関心を寄せていく。「やるよ」って上から言われてやるのではなくて、自分の幸せでありたい姿ってどういうことだろう? と考えた延長線に、この町の姿や、目の前の人との関わりしろが浮かび上がってくる。もちろん全てを網羅しよう！なんて極端な話ではない。でも、自分と関心ごとが重ならない人とも関わりしろを共有して、情報を得て仲間になっていけば、持てる情報は2倍にも3倍にもなる。ほっちのロッヂでは、こういった関わり方が、普通の暮らしの中で自然に生まれるようになっている。

　そんなプロセスの面白さを、ほっちのロッヂでの実践の姿から、人の暮らしの中にいるあらゆる分野の人たちに投げかけ続けていきたいと思っている。

## ケアする・される関係性の逆転は台所から

「ほっちのロッヂのお台所に立ちませんか？」

　ほっちのロッヂの診療所のシーンでこんなやり取りを見かけることがある。ほっちのロッヂでは共生型通所介護／医療型短期入所の制度を使い、あらゆる状態の人が通い、その人の状態に応じて共に食事を囲むことが日常だ。

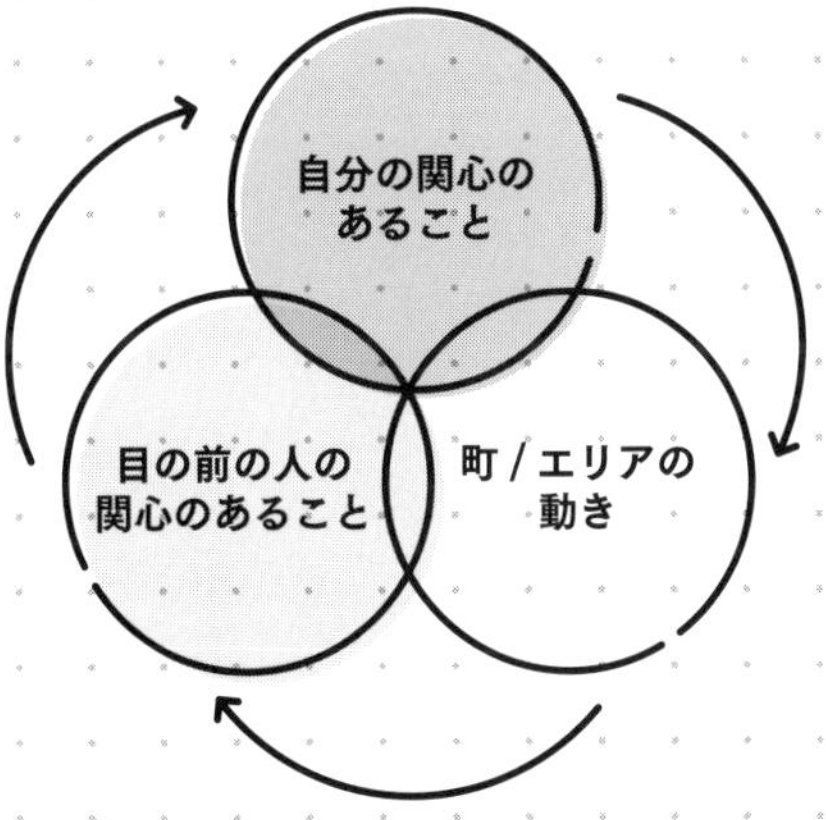

**図6**：自分自身の関心ごとに目を向けて、暮らしの中に関わりを増していく
（作成：藤岡聡子）

ほっちのロッヂの働き手たちは食の探求に余念がない。ヨモギをとってきては新芽の触り心地について話し合っている。朝取れの高原野菜をもらった日にはどのくらい新鮮か虫を見つけながらはしゃいでいる。訪問先から時にはダンボール一箱に詰めて色々な食材やらお菓子をいただくことがある。そうやって帰ってきては何のお茶を入れてそれらを大切にいただくかを決めることに勤しんでいる。

そんな人の輪の中心となるほっちのロッヂの大きな台所を、調理担当として担ってくださっているのは、町に住まう方々だ。有償無償問わず、平日5日間それはそれは美味しい食事を用意してくださっている。

ここで、ご本人の承諾をいただいてみきさん（仮名）の例を紹介したい。

みきさんは元々、２０１９年時の訪問看護で訪問先の患者として知り合った。当時の患いは彼女の状態を深刻なものにさせたものの、その後ご本人の力で見事に寛解された。その後２０２０年4月に台所を持った新社屋（現在のほっちのロッヂの建物）へ移転した際、

「私はみなさんのおかげで治ったようなものだから、私が台所に立ってみなさんの役に立ちたいわ」

という申し出をいただいたのだ。

「私はここ（台所）に立つことで、本当に生きがいを得られている。好きなことでいくつになっても人の役に立てるなんて、最高よ」

海外からの視察の際に大きく胸を張ってこう語っていただいたシーンは今でも忘れることができない。

彼女は以降体調を崩すことなく、ご自分のご家族はもちろん、たくさんのご友人を誘って、ほっちのロッ

ヂの企画にも必ず顔を出してくれる。そうしていつも、まるで我が家のようにほっちのロッヂを紹介し、働き手のことを紹介してくれるのだ。その後はみきさんに続き、例えばご家族を亡くした方が外に出るきっかけとしてお台所に立つこともある。背筋をすっと正して食事の段取りを続けてくださっている。髪を整えるためのターバンの巻き方が山賊のようで、出立がなんだかとっても格好いいのだ。

診療所での「ほっちのロッヂのお台所に立ちませんか?」というやり取りは、診療行為のその先にある、人の暮らしがより豊かでありますようにという願いを渡すような呼びかけでもあるのかもしれない。

(いや、それか私たちが単に美味しいご飯をいただきたいだけか…)

それはさておき、こうした人たちの存在が逆に、ケアの現場で働く人を勇気づけ、希望を与えてくれるのだ。いわばケアする・されるの関係性が見事に逆転しているといえる。心もお腹もたっぷり満たされた働き手たちはそうして力を蓄えて、24時間365日、町内の暮らしを支え続けることができている。

このような「介護保険・医療保険制度以外の取り組みで、地域住民が豊かな表現方法を使ってほっちのロッヂに関わり続けている点」や、それによって地域の方々の可能性を引き出し続けていることなどが評価され、「高齢者ケア界におけるオスカー」とも呼ばれる「第10回アジア太平洋地域・高齢者ケアイノベーションアワード2022」、「Social engagement program」部門でほっちのロッヂは最優秀賞を受賞することができた。その受賞の際、プレゼンターから「ほっちのロッヂは『自分のできることを表現でき、生きがいにつながる現場』になっていることが評価され、それはほっちのロッヂ開業時から「好きなことをする仲間として出会おう」を表現し続けてきたことの結果であった。

ほっちのロッヂでの、こうした台所の様子や、他にも毎日のように生まれている人の関係性を眺めていると、まるで虫の眼と鳥の眼が行き来するような感覚を覚える。この台所があることで生まれる人の繋がりや生きる張りが目の前で広がり、さらに互いの「好き」を知り、思いあえるような網の目のような関係性が町の中全体に張り巡らされていることを実感するからだ（**図7・8**）。

「社会的処方」は決して一方通行の処方行為、関係性ではない。Compassionate Community—コンパッショネイトコミュニティ（心から寄せる想いとそのために行動する人たちの集合体）、つまり人が誰かの幸せを願い、突き動かされるようにして関わり合うプロセスのことを指すのだろうと思う。

人の暮らしを見つめる考え方は、手間と時間がかかると思うかもしれない。そしてそこに明確な正解はないだろう。私たちは全ての機能を担えない。診療所に台所があるだけで、人の暮らしの全部を網羅することなんて到底難しい。

自分一人だけ、あるいは自分たちだけで全てをやろうとしない。町の中で仲間を見つけ、その輪が少しでも大きく広がるように心がけていきたい。人の暮らしはもちろんのこと、モノコトをみる時、どのように設定すれば全体性が見えてくるのだろうか。そんなことを考え続ける現場が少しでも増えてほしいと願う。読者が、ごきげんに軽やかに楽しんでモノコトを進めていく様子をイメージ（想像）し、筆を置く。

**図7**：色々な人の気持ちを乗せて、毎日のご飯が作られていく（写真提供：ほっちのロッヂ）

**図8**：台所の前のちゃぶ台であらゆる話に花がさく（写真提供：ほっちのロッヂ）

## 参考文献


1）Community Nurse Companyウェブサイト「コミュニティナースとは」https://community-nurse.jp/cn（最終閲覧日２０２３年７月23日）

2）矢田明子『コミュニティナース　まちを元気にする〝おせっかい〟焼きの看護師』木楽舎、２０１９

3）一般社団法人コミュニティナースラボラトリー『コミナスLIFE』一般社団法人コミュニティナースラボラトリー、２０２２

4）地域おせっかい会議活動紹介　https://www.youtube.com/watch?v=0uXYFEq6xwU（最終閲覧日２０２３年８月20日）

5）Community Nurse Companyウェブサイト「日本初!・おせっかいの事業化。まちづくり事業の成果連動型事業化を産官学連携で検討を開始」https://community-nurse.jp/2723（最終閲覧日２０２３年８月20日）

6）山中伸二『共感の正体　つながりを生むのか苦しみをもたらすのか』河出書房新社、２０２２

7）Yumi Naito, Ryuichi Ohta, and Chiaki Sano, “Solving Social Problems in Aging Rural Japanese Communities: The Development and Sustainability of the Ossekai Conference as a Social Prescribing during COVID-19 Pandemic”, Int. *J. Environ. Res. Public Health*, 2021,18,11849.

8）Ryuichi Ohta, et al. “A Solution for Loneliness in Rural Populations: The Effects of Osekkai Conferences during the COVID-19 Pandemic”. Int. *J. Environ. Res. Public Health* 2022, 19, 5054

9）Ryuichi Ohta ,et al. “Rural Social Participation through Osekkai during the COVID-19 Pandemic”, *Enviromental Research and Public Health*, 2021;18, 5924.

10）Ryuichi Ohta, et al. “Rebuilding Social Capital through Osekkai Conferences in Rural Communities: A Social Network Analysis”. Int. *J. Environ. Res. Public Health*,2022;19, 7912.

11）Leaning Compass 2030.https://www.oecd.org/education/2030-project/teaching-and-learning/learning/learning-compass-2030/OECD_Learning_Compass_2030_concept_note.pdf.（最終閲覧日２０２３年８月20日）

12）西上ありさ『ケアする人のためのプロジェクトデザイン』医学書院、２０２１

13）Community Nurse Companyウェブサイト「青森初開催｜住民同士の「おせっかい」でまちを元気にする交流会～全国のコミュニティナースとアイデアを考える～」https://www value-press.com/pressrelease/291237（最終閲覧日２０２３年８月20日）

# 大切な人を亡くした人が、「あのね…」と話せる部屋があるといい

福島沙紀

神奈川県川崎市で開催されている暮らしの保健室では、自身にとって大切な人と死別した経験を持つ人が集まる「あのねの部屋」という場所を月に1回提供している。

家族や友人などの身近な人を亡くすと、遺された人は悲しみに暮れると多くの人は考えている。しかし実際は亡くなった人や医療者に対して怒りを感じる人、今まで楽しかったことが楽しいと感じなくなる人、介護から解放されたことに罪の意識を感じる人、仕事や家事が手につかなくなる人、亡くなった人に対してもっとできることがあったのではないかと後悔する人など、様々だ。彼らは周囲に自身の思いを話すと、「いつまでも泣いていたら、天国にいるあの人が悲しむよ」「時間が解決してくれるよ」「思ったよりも元気そうじゃない」と言われてしまうことがある。いつまでも悩んでいる自分はおかしいのではないかと思い始めるが、誰に聞いたら良いのかもわからない。

そんな時「あのね…」と話せる場所があると良い。そんな考えから出来たのが「あのねの部屋」だ。ここには臨床心理士と看護師といった専門家だけでなく、同じく死別経験をした人がいる。死別から1ヶ月経っていない人もいれば、10年以上前にお別れした人もいる。

な人が集まる。死別の理由も様々だ。病気、自死、事故、災害…色々

ある日、霜田さん(仮名)という30代の男性があのねの部屋に参加した。彼は最近、妻をがんで亡くした。それからしばらくは、葬儀や死後の手続きなどで慌ただしく過ごしていたが、四十九日を終えるとパタリとやる気が消えた。何故仕事をするのか、家事をするのか、生きなくてはいけないのか、彼の中にもうその答えは無かった。何を頑張ったとしても、もう妻はこの世にはいない。友人に会っても今までのような関係には戻れなかった。どこかよそよそしいのだ。両親からは「もっと早くがんだってわからなかったのか?」と言われた。外に出ると仲睦まじい夫婦を目にしてしまうため、外出するのを避けるようになった。うまく眠れず、食事も何を食べれば良いのかわからなくなり、仕事に集中できず、趣味だった読書もできなくなった。そして、「自分はおかしくなってしまったのだろうか」とインターネットで自身の症状を検索していくうちに「あのねの部屋」に辿り着いたのだった。

あのねの部屋の当日、霜田さんはカジュアルなシャツにスラックス、黒ぶち眼鏡をかけて、背筋をピンとして座っていた。他の参加者が入ってきても、両膝に両手を置いて、テーブルに目を落とすだけ。会がスタートしても、最初は何も発言せず、他の参加者の話に耳を傾けていた。すると夫と死別したある参加者の発言に、霜田さんの表情が変わった。

「もうさ、いつ死んでもいいのよ。稼いだって夫と旅行に行けるわけじゃないし、ご飯作ったって夫が食べてくれるわけじゃないし。でもね、それをここ以外で言うとさ、『そんなこと言っちゃダメ、旦那さんが悲しむよ』とか言われるの。周りは優しさで言ってくれてるってわかってるんだけど、受け入れられないんだよね〜…」

そして今度は母親を亡くした別の参加者の、

「買い物とかで外に出ると、母親と娘で出かけてる人に目がいくんです。何であの人達は一緒にいられて、私の母親はいないんだろう、って。何でうちの母親だっ

たんだろうって」

という発言に、霜田さんは大きく頷いていた。そこで、スタッフの心理士が霜田さんに話を振ると、ひとこと

「皆さんがおっしゃること、全部わかります。…自分だけがそう感じてるんだと思ってました」

とだけ。その日は、それでお終いになった。

しかし、その後も霜田さんは、毎月「あのねの部屋」に参加してくれた。あまり発言することはなかったが、参加者の声に一生懸命耳を傾け、頷く姿が印象的だった。

一年ほど経った頃、ある初参加の人から「まだ気持ちの整理がつかなくて、言葉にならない」という発言があった。すると霜田さんはそれに対して、

「僕も最初のうちは上手く言葉にできませんでしたよ。でも、他の人たちが代わりに言葉にしてくれました。同じことを思う人がいること、ネガティブな気持ちを否定されないことが、僕にはとても必要だったんだなって気付きました」

と答えたのだった。

それから数ヶ月して、霜田さんはパタリと「あのねの部屋」に来なくなった。どうしたのだろう、とこちらが心配して1年くらいした頃だろうか、霜田さんはまたふらりとやって来た。

「妻を亡くしたばかりの頃は、この場所が必要でした。でも次第に、きつくなったらいつでもこの部屋に来られるという気持ちだけで頑張れるようになりました。…先週突然、何の前触れもなく、妻が亡くなる瞬間のことを思い出したんです。それで会社を1日休むことがあって…ここに来ようと思って」

それからも霜田さんは、1年に1回来るか来ないかのペースで「あのねの部屋」に参加している。

「最初はこの場所を卒業する日が来るのかと思っていました。でも妻とのことは、悲しい時もあれば大丈夫な時もあって、それを繰り返す感じ。確かに妻を亡くしたばかりの頃は悲しい時間の方が多かったけれど、だからといってそれがなくなるわけじゃないんだなって。何年経っても、辛くなったら辛いって言える場所

があるのが助かります」

そう言って霜田さんは参加者の話に耳を傾けたり、死別を経験したばかりの参加者に当時の自身がどう感じていたかを話したりして過ごしていた。

死別を経験すると、心身に様々な反応が出る。これを「グリーフ反応」と呼ぶ。「あのねの部屋」はグリーフケアの場として死別経験者に向けて開放された部屋である。一般的に死別を経験した人に対して持つイメージは、死別直後に深い悲しみがありつつも、その悲しみを受け入れ乗り越えていくというものが多い。

しかし、霜田さんのケースからわかるのは、グリーフには終わりがあるのではなく、その人の年齢や環境、考え方の変化によって「かたちが変わるもの」だということである。これが例えば幼い頃に親を亡くした子どもであれば、その子どもが成長していくにつれ考え方に変化が起きていき、親との死別経験の捉え方にも変化がおとずれる。その子ども自身がやがて結婚して子どもを持つようになると、子を持つ親の視点から死別経験を振り返るようになる。そして自身の親が亡くなった年齢と同じになり、その年齢を超える時には親よりも長生きしている自身と向き合う経験をする。このように、ライフステージによってもグリーフはかたちが変わっていくのである。「あのねの部屋」が暮らしの保健室内にあることで、最初は暮らしの保健室で家族ケアとして関わっていた人が、今度はその人自身が病気になったとしても暮らしの保健室で相談できるという、切れ目のないケアが可能となっている。

グリーフは喪失体験をすれば誰でも自然に出てくる反応である。そして我々は地域の中で生活している。日常生活の中で自然に出てくる反応を一緒に見守ることのできる場と人の存在が安心感につながる。「あのねの部屋」はいつでも行きたい時に、会いたい時に行ける場所であり、振り返ればいつでも見守ってくれている存在に気付ける距離感を大切にしている。どんなグリーフも、「あのね」と話したくなったら、この部屋のことを思い出してほしい。

# おわりに　この本で伝えたかった3つのこと

今回、この『みんなの社会的処方』で伝えたかったことは何か。もう一度ここでおさらいしておこう。まずは、「社会的処方の3つの理念」。「人間中心性」「エンパワメント」「共創」が、本書を通じて最も大切なテーマだという話をした。「薬で人を健康にするのではなく、人とまちとのつながりで人が元気になる仕組み」が社会的処方ではあるが、「人が元気になる」とはどういうことかを僕たちは深く考え続けないとならない。単に「○○さんには体操サークル、××さんにはアートプログラム」とつながりを作るだけでは、その人は元気にならないどころか、逆にその人の生きる力を奪ってしまっているかもしれない。支援者の側は、良かれと思って「社会的弱者」のためにつながりを施すようにするけれども、それは結果的に社会格差を固定化してしまい、気分が良くなるのは支援者側だけ…という事態を招きかねない。それに、社会格差の固定化・増大は、結果的には「強者」とされていた側にも悪影響を及ぼしてしまう。繰り返しになるが、「人が元気になる」とはどういうことか、社会的処方の考え方を通じて知ってもらいたい、というのが一つ目の願いである。

そして二つ目の願いのキーワードは「おせっかいのエンパワメント」だ。２０２４年からは孤独・孤立対策推進法が施行されることで、地域ごとに居場所づくりや社会的処方の動きが高まっていくだろう。もともと、近隣の方のためにおせっかいを焼きたいとか、このまちのために何かできることをしたい、という人はそれぞれの地域でたくさんいたはずである。でもこれまでは、「そんなことをしてかえって迷惑になるのでは」「目立つようなことをしたら恥ずかしいし面倒くさい」「誰かが頼ってくれるならやってあげなくもないけど…」という感情が入り混じって、結果的に動けない方たちばかりだったのである。しかしこれからは法的根拠をもって、そういった方々の背中をちょっとだけ押してあげられる社会になっていく。その「押し方」をどうするべきかは、地域によってそれぞれだとは思うが、大人だけではなく子どもだって「俺たちのやってることも社会的処方なんすよ！」と胸を張って言えるような未来が日本にも訪れることを期待している。

そして三つ目の願いのキーワードは「混ざりあうとはどういうことか」だ。「多世代共生」とか「ごちゃまぜのまちづくり」などで語られる地域づくり・まちづくりの例は国内でもたくさんある。しかし、そのうちのどれだけが、本当に「混ざりあう社会」を実現できているのだろうか。ごちゃ混ぜの社会を作る、と言いながらその実は特定の社会階層や世代に限定した取り組みになっていないだろうか。もちろん、それがダメというつもりはない。しかし、それに自覚的でないのはダメだ。自分たちの取り組みやまちづくりが、どういった層に届きやすいものなのか、そして誰が「社会的に排除されているのか」をきちんと評価したうえで、別の取り組みと一緒にネットワークを作っていけば良い。ひとつの取り組みで、全世代や多様な背景をもつ住民みんなを巻き込むことなどそもそも不可能なのだから、多様性に合わせてまちの中に様々なコンテンツを散りばめつつ、それらが横のつながりで密につながっていることこそ、健全なまちの姿だ。「点ではなく、網で支える」イメージを持ってほしい。さらに言えば、最初から「多世代共生」や「ごちゃまぜ」を目標とした取り組みなんて企画するものではない。「楽しいこと」「やりたいこと」が集まっていけば、それは自然と「ごちゃ混ぜ」となっていく。まず最初に「このまちにどうやって参加すると面白くなれるか」を、自分自身にも他人に対しても、エンパワメントする意識が必要なのである。

## 暮らしの保健室・川崎／社会的処方研究所はどうなっているか

前著『社会的処方』で取り上げた、社会的処方研究所と、その拠点となっていた暮らしの保健室・川崎について、その後の4年間でどのように成長したかについても、この「あとがき」で触れておきたい。

まちに出ていって面白い社会資源を集める「Research」、集めた資源をもとに皆で集まって事例検討をする「Factory」、そしてそれらデータをストックして実際に社会的処方を市民の方々にお渡しする「Store（暮らしの保健室）」の仕組みで構成されていた社会的処方研究所。しかし発足から2年ほど経過したところでコロナ禍となり、活動自体が自粛となってしまったことで先のシステムは無くなり、現在は形態を変更したりオンラインコミュニティを中心とした活動に移行している。

ただ、改めて振り返ってみたとき、単にコロナ禍による影響だけではなく、この3つの仕組み自体があまり機能していなかった面もあった。前の社会的処方研究所の仕組みでは、月に1回集まって事例検討をするFactoryが活動の中心であった。参加者は事前に提示された仮想事例に対して、1か月間かけてResearchを行って適切な社会資源を集め、それをFactoryの場に持ち込んでディスカッションするはず

2023年5月に暮らしの保健室・川崎の新拠点としてオープンした武蔵新城サイト

だった。しかし実際には、参加者のほとんどはResearchの活動を行う時間を取れず、Factoryの場での議論も表面的な内容に終始することも多かった。例えば「川崎市内に住む30代のシングルマザーで孤立に悩んでいる方に、どのような社会資源を提案できるか」がテーマだとしたら、「出身県を調べて、市内の県人会へつないでみる」とか「どこかのスナックでアルバイトをしたら客とつながれる」とか、「もし逆の立場でそれらを提案されて『行ってみたい！』となるのか」のような意見も多かった。さらに、「いい男性と縁組するために街コンを開こう」といった、相手にとって失礼とも思えるような意見が出ることもあった（念のため申し上げておくが、県人会やスナック、街コンがダメという意味ではない。本人の趣味嗜好を無視して、「30代シングルマザー」という背景部分だけを取り上げて、これらとつなげればいい、という思考過程が問題ということ。人によってはもちろんそれらが社会資源として有用という場

「まちの引き出し」でも使われている、社会資源を集めるための「野帳～Field Note」。「社会的処方研究所＆暮らしの保健室SHOP（https://pluscare.thebase.in/）」で購入できる

面はあるだろう）。

これらは、そもそも実在の人物がいないという仮想事例の限界だったかもしれないし、今回の『みんなの社会的処方』で取り上げた「3つの理念」を始めとした社会的処方の考え方を、僕らがまだ十分に理解できていない状態だったからともいえるかもしれない。しかし、この僕らの失敗は、今後そのまま日本全国で繰り返される可能性は十分に考えられる。

現在、社会的処方研究所は、暮らしの保健室スタッフによる「まちの引き出し」と、それを原資とした社会的処方のお渡し、またオンラインコミュニティでの調査・研究の活動に移行している。

「まちの引き出し」では、暮らしの保健室スタッフが川崎市内で面白い活動をしている人、暮らしの保健室の利用者にとって有益なつなぎ先となる可能性のある活動などを見つけてきては、実際にその現場を訪れて情報交換を行っている。これら情報は、スタッフが自分で見つけてくることもあれば、市民リンクワーカーとして活動している方からの口コミから得られることもある。また、実際に活動現場を訪れてResearchするときのポイントは、「同じまちに暮らして活動する仲間として、一緒に何ができるか」を模索することだ。単に取材をしてお終い、とするのではなく自分たちが行っている活動と相手方の活動をつなげ、新たな価値を一緒に作っていくことを意識している。

また、オンラインコミュニティでは、社会的処方に関する世界中のニュースや最新論文に関する情報をシェアし、メンバー内で閲覧・意見交換を行っている。また、２０２２年から毎月開催している「よるかつ！」では、海外在住のメンバーと共にイギリスやアメリカなどの社会的処方の実践についてオンライン上でディスカッションを行う勉強会を開催している。この『みんなの社会的処方』でも取り上げた、「スフラ・ロンドン」や「Incredible Edible Todmorden」などは、この「よるかつ！」からもたらされた情報である。さらには、この活動を通じて、世界の社会的処方の実践者・研究者ともつながりが作られ、ＷＨＯ、National Academy for Social Prescribing、Global Social Prescribing Allianceの作

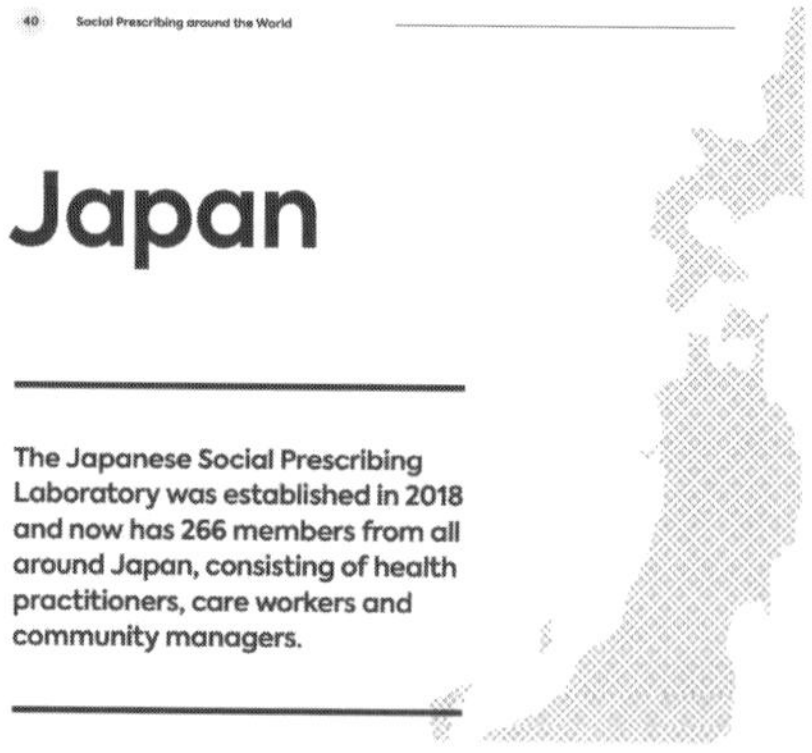

Social Prescribing Around the World、p.40より[1]。日本中から266名の医療福祉従事者、ケアワーカーやコミュニティマネージャーが集まっているとして紹介された

成した『Social Prescribing Around the World』というレポートの中で社会的処方研究所が紹介されている。

また、社会的処方に関連した国内の取り組みや最新情報を集めて発表を行う場として「社会的処方EXPO」を2020年から年に1回開催している。当初はオンラインのみの開催であったが、Social Prescribing Dayと合わせて3月開催となった2023年は、東京で実際に顔を合わせ、有意義なディスカッションを行う会となった。

社会的処方を実践する場である暮らしの保健室・川崎も、2023年5月に新拠点をオープンし、これまでの週1開催から、週5〜6日開催となった。2023年4月〜9月までの時点で来場者は延べ360名を超えており、これは2022年度1年間の利用者数243名と比較して半年で既に100名を超える超過となっている。もちろん、開催日数自体が増えているため延べ人数も増えるのは当然と言えば

社会的処方研究所オンラインコミュニティ。Facebookアカウントさえあれば誰でも参加できる(980円/月)。https://community.camp-fire.jp/projects/view/77042 または上記QRコードから申込み可能

当然だが、これまでは開催日数が限定されていたことで本来は暮らしの保健室を必要とされていた方々の機会損失を招いていたという見方もできる。実際に、昨年度までの暮らしの保健室で出会わなかったような背景を持つ方々が多く足を運ぶようになり、お話の内容も多岐に渡っている。そういった方々に対し、暮らしの保健室のクレド（行動指針）である「まちでの日常の中で、つながりたいときにつながれる木陰のような場としてあり続け、その人の決めていく時間を共に過ごす」を実践するために、コミュニケーションやケア技術の向上、社会的処方の活用などを日々の中で行っている。

## 社会的処方の未来

社会的処方が広まっていく未来は、どうなっていくだろうか。本文でも述べたように、これまでの社会は「人の命を延ばす」方向に注力していた。障がいがあっても、病気があっても、年老いていても、とにかく「生きられるように」した。これからは、誰しもが社会の中で一緒に生きていくこと、それが当然の社会を作っていくべきだ。生かすだけ生かしておいて、社会からは排除するなんて残酷なことは、もう終わりにしないとならない。

ただ、僕らには圧倒的に想像力が不足している。若者は高齢者の生き方を想像できないし、高齢者は子どもの頃の生き方を忘れてしまっている。病気を持っていない人は、持っている人の気持ちを理解できないし、病気を持っている人も別の病気の方の気持ちは理解できない。自分の世界だけで生きているその脳には、何重もの「思い込み」という名のリミッターがかけられてしまっていて、外しても外しても、その「いつもの生活」を過ごす中で元に戻ってしまう。だからこの本では、そのリミッターを外せるような事例と解説を繰り返し述べてきたつもりだし、「自分の脳にリミッターがかかっている」ことを自覚できるような仕掛けを散りばめてきた。僕らは他者がどんな人であっても、真に理解するなんてことはできない。でも、自分は他者を理解できない、という自覚の下で「それでもあなたのことをもっと教えてほしい」と、ちょっとの好奇心とおせっかいの気持ちで関わっていければ、孤独・孤立の問題も解消していけるのではないかと考えている。

社会的処方は万能薬ではないし、扱いも簡単とは言えない。実際、先進地域といわれる海外でも、多数の失敗の事例も報告されている。日本は日本なりの、社会的処方のやり方があるはずだ。僕たちは、その探求と実践を行い、これからは世界に向けた発信も行っていく必要がある。

1年や2年で世界を変えられるはずもない。この先10年、20年、自分たちの地域が1ミリでも良い方向に向かうよう、明日から小さな一歩を踏み出してほしい。僕たちは、その背中を少しでも支えられればと思っている。

**参考文献**

1) Hamaad Khan, et.al. Social Prescribing Around the World, Global Social Prescribing Alliance, 2023. https://socialprescribingacademy.org.uk/media/4lbdy5ip/social-prescribing-around-the-world.pdf (最終閲覧日2023年10月9日)

## 編著者：西 智弘

（川崎市立井田病院医師／一般社団法人プラスケア代表理事）

2005年北海道大学卒。室蘭日鋼記念病院で家庭医療を中心に初期研修後、川崎市立井田病院で総合内科／緩和ケアを研修。その後2009年から栃木県立がんセンターにて腫瘍内科を研修。2012年から現職。現在は抗がん剤治療を中心に、緩和ケアチームや在宅診療にも関わる。一方で、一般社団法人プラスケアを2017年に立ち上げ代表理事に就任。「暮らしの保健室」や「社会的処方研究所」の運営を中心に、「病気になっても安心して暮らせるまち」をつくるために活動。日本臨床腫瘍学会がん薬物療法専門医。著書に『社会的処方　孤立という病を地域のつながりで治す方法』（学芸出版社）、『緩和ケアの壁にぶつかったら読む本』（中外医学社）、『がんになった人のそばで、わたしたちにできること』（中央法規出版）他多数。

## 著者一覧（執筆順・敬称略）

岩瀬 翔
（式根島診療所 所長）

西上ありさ
（studio-L Tokyo代表 コミュニティデザイナー）

守本陽一
（一般社団法人ケアと暮らしの編集社代表理事／兵庫県豊岡保健所）

稲庭彩和子
（独立行政法人国立美術館 国立アートリサーチセンター）

石井麗子
（一般社団法人プラスケア）

藤岡聡子
（軽井沢町・大きな台所と診療所があるところ ほっちのロッヂ 共同代表）

福島沙紀
（一般社団法人プラスケア）

**みんなの社会的処方**
人のつながりで
元気になれる地域をつくる

2024年3月1日　第1版第1刷発行

**編著者**　西 智弘
**著　者**　岩瀬 翔・西上ありさ・守本陽一・稲庭彩和子・石井麗子・藤岡聡子・福島沙紀

**発行者**　井口夏実
**発行所**　株式会社学芸出版社
〒600-8216
京都市下京区木津屋橋通西洞院東入
tel 075-343-0811
http://www.gakugei-pub.jp/
E-mail:info@gakugei-pub.jp

**編　集**　岩崎健一郎

**デザイン・装丁**　金子英夫（テンテツキ）
**印刷・製本**　モリモト印刷


Printed in Japan
ISBN 978-4-7615-2882-9